高校产教融合发展及实践研究

方振宇　李国冰　刘　杨　著

中国商业出版社

图书在版编目（CIP）数据

高校产教融合发展及实践研究 / 方振宇，李国冰，刘杨著. -- 北京：中国商业出版社，2023.12
ISBN 978-7-5208-2810-9

Ⅰ. ①高… Ⅱ. ①方… ②李… ③刘… Ⅲ. ①高等学校－产学合作－研究－中国 Ⅳ. ① G649.21

中国国家版本馆 CIP 数据核字 (2023) 第 246758 号

责任编辑：王　静

中国商业出版社出版发行
（www.zgsycb.com 100053 北京广安门内报国寺 1 号）
总编室：010-63180647　编辑室：010-83114579
发行部：010-83120835/8286
新华书店经销
定州启航印刷有限公司印刷
*
710 毫米 ×1000 毫米　16 开　11 印张　150 千字
2023 年 12 月第 1 版　2024 年 1 月第 1 次印刷
定价：78.00 元
* * * *
（如有印装质量问题可更换）

前言

教育是国之大计、党之大计。党的二十大报告明确提出，“教育、科技、人才是全面建设社会主义现代化国家的基础性、战略性支撑”。2023年年初召开的全国教育工作会议指出，“加快建设高质量教育体系”，“以深化产教融合为重点、推动职普融通为关键、促进科教融汇为新方向”，“深刻认识科技革命、产业变革的深入推进对教育变革提出的迫切要求”。高校产教融合是高校以习近平新时代中国特色社会主义思想为指导，全面贯彻落实党的二十大精神，更好地推动教育成为经济社会发展的基础支撑和关键力量的必由之路。

产教融合是一项系统工程，是指高校与社会资源的整合，本质是教育、科技与经济的结合，涉及政府、企业、学校、行业、社会等多个主体，且需要各主体的协调和配合，目的是实现人才培养、科技创新、社会服务等方面的协同发展。这种协同发展可以促进高校与企业的深度融合，提高人才培养质量，促进区域经济发展，推动科技创新和社会服务的发展。其中，政府主要承担着政策引导、资源整合和监管等方面的责任；企业作为市场主体，具有实践经验和技术应用能力，承担着技术支撑、实践教学等方面的任务；高校作为知识创新的重要基地，拥有丰富的科研资源和人才优势，承担着课程设置、师资培养、人才培养和科研创新等方面的责任。高校与企业合作开展科研项目，可以促进科技成果的转化和产业化，推动科技创新和产业升级，提高企业的竞争力和创新能力。高校是社会所需人才的生产方，而企业是人才的重要需求方。通过与企业的合作，高校可以更好地了解企业的需求和市场的变化，调整课程设置和教学内容，培养适应市场需求的高素质人才。同时，通过与高校的合作，企业可以为学生提供实践机会，帮助学生更好地掌握实际技能，提高学生的应用能力。另外，高校作为知识和文化的传承者，具有推动社会进步和发展的重要责任。通过产教融合，高校可以更好地服务地方经济和社会建设，促进区域经济发展和社会进步。因此，开展产教融合研究具有重要意义。

本书是笔者承担的2020年度浙江省省级产学合作协同育人项目“艺术院校创新创业实践体系构建研究”的研究成果之一。全书共分为六章：第一章是对高校产教融合的概述；第二章介绍了我国高校产教融合的发展历程；第三章论述了产教融合相关理论基础；第四章梳理了高校产教融合中的几个关键问题；第五章通过调研统计分析了我国高校产教融合的现状，并提出了相应的发展对策；第六章分析了我国综合性大学和艺术类院校在产教融合发展中的部分典型案例，为我国高校进行产教融合改革、培养应用型人才提供参考意见。本书第一章至第五章由方振宇完成，第六章由方振宇、李国冰和刘杨共同完成。

由于时间和能力的关系，书中难免有不足之处，欢迎专家、读者悉心指正。

方振宇　李国冰　刘杨

2023年6月

目录

第一章　高校产教融合概述

第一节　高校产教融合的概念与特征

一、高校产教融合的概念

从目前国内外研究来看，产教融合并无公认且统一的定义。仅从文字来看，产教融合中的“产”指生产或者产业，“教”指教育、教学或者教育机构，而“融合”指几种不同的对象结合在一起。

一般来说，产教融合的教育模式可以溯源到由美国教育家赫尔曼·施奈德（Heman Schneidere）提出的合作教学（Cooperative Education, Co-op）。1906年，施奈德在美国辛辛那提大学（University of Cincinnati）创建了第一个“合作教育计划”。该计划倡导采用理论学习和动手实践交替的模式，旨在通过动手实践和总结反思促进学生学习和成长。该计划的成功推广和实施，为施奈德Co-op教育概念的提出奠定了基础并提供了实践验证。Co-op教育被认为是产教融合教育模式的最初形态。

（一）学者对产教融合概念的界定

不同的研究者从多个角度对产教融合概念进行了研究和阐释。例如，杨善江（2014）认为，产教融合是教育部门和产业部门充分利用自身的优势资源和特长，以互信和合约为基础，以服务经济转型和满足需求为出发点，以协同育人为核心，以合作共赢为动力，以校企合作为主线，以项目合作、技术转移及共同开发为载体，以文化共融为支撑的一种经济教育活动方式。在融合的过程中，各参与主体相互配合，以实现共同发展。

陈年友、周常青、吴祝平（2014）认为，产教融合指职业教育与产业深度融合，职业院校与行业企业通力合作，最终目的是提高人才培养质量。在产教融合发展过程中，通过优化组合和高度融合的方式，促进各参与主体的共同发展。

柳友荣、项桂娥、王剑程（2015）认为，产教融合是指将生产和教育结合起来，形成一个整体，在生产的实际环境中进行教学，使得生产和教学紧密相连。这种方法可以更好地将理论知识应用于实践，是实现应用型本科院校自我发展及服务地方经济发展的重要途径。应用型本科院校产教融合模式包括产教融合研发、产教融合共建、项目牵引、人才培养与交流四种。

庄西真（2018）认为，产教融合是现代社会分工背景下，物质生产（产业系统）这种人类经济活动和教化育人（教育系统）这种人类社会活动之间互动、交流和合作的状态。其中，“产”和“教”代表的是以产业和教育为关键特征的“产业系统”和“教育系统”。这两个系统内部有着不同的运行模式和规律、发展策略、行动标准、改革方向及主体构成。围绕人才培养、技术研发等活动，产教融合有利于打破院校与企业间的时空隔阂，实现异质性资源在两者间的最优化配置。

谢笑珍（2019）认为，产教融合实质是教育与产业经济发展间的一体化互动关系，是高等教育系统性变革的有效举措。为提高学生的学习效果和动手能力，促进产业和教育的互动发展，就要探究“产”和“教”之间的共性诉求、内在关联、耦合点、逻辑平衡点，设计产教融合长效机制，充分激活“产”和“教”两大主体的内在潜能，推动产业革命与高等教育范式变革的互动演化，实现产业和教育深度融合。

程德慧（2019）认为，产教融合是高职院校的办学模式和办学特色。其目标是通过校企合作、工学结合的方式，为学生搭建提高专业技术技能的平台，全面推行校企协同育人，为我国现代化建设培养大批高素质创新型人才和技术技能人才。产教融合的办学模式在突出专业技术技能培养的同时，更重视发挥专业课的思政育人和价值引领功能，实现知识传授与价值引领的统一。

汤正华、谢金楼（2020）认为，产教融合是将产业与教育紧密结合，实现两者的一体化。其本质是产业与教育相互交融、相互支持，形成互动关系，使学校成为集人才培养、科学研究和社会服务于一体的产业型经营实体基地。这一举措有利于提高学生的学习效果和动手能力，促进产业和教育的互动发展。

任幼巧（2022）认为，产教融合是指通过地方政府、高校和企业的协同合作，促进地区教育与产业的有机融合，从而实现教育与产业的相互促进、协调发展。

综合以上研究者对产教融合概念的阐述，可以发现，产教融合实质上是以企业、高校和科研机构等为主要参与者，政府、中介服务机构和其他组织为辅助参与者的一种合作模式，致力于实现科技成果转化、突破技术瓶颈、推动知识认知创新以及培养人才等主要目标。通过这种联合创新实践，各方可以共同促进产业升级和教育的发展。

（二）产教融合的概念

一般来说，产教融合的概念可以从宏观和微观两个层面展开。从宏观层面来看，产教融合是指产业与教育对接，其内核在于高校的人才培养目标、学科专业设置与社会产业发展的匹配，以及教育改革和产业升级在规模和布局方面的协调问题。从微观层面来看，产教融合是指社会生产和教育教学的融合，其内核在于高等教育教学和科学研究的形式内容与实际生产劳动需要之间的衔接，同时涉及高校与企业的协同育人、科研攻关等问题。

产教融合是教育教学、科学研究和市场化生产等经济活动的有机结合，三者间相互支持、互为补充，以实现教育科研的经济价值和社会价值。需要注意的是，产教融合不同于产教结合，“融合”是指几种不同的事物有机结合，比单一的结合、合作的内涵更为丰富，更突出“产”和“教”之间的连接、互动与融入。

“产教融合”这个概念是从“教育与劳动生产相结合”“教育、科研、生产三结合”“教学、科研生产联合体”“校企合作”“产教结合”“产学研一体化”等不同的提法发展而来的。总的来说，产教融合与前述各提法之间是承接、递进的关系，但具体而言，在内涵上又有显著差异。

1. 从单一到多元的改变

最初，产教融合是由高校自发进行的人才培养模式改革，后来教育部门成为推动产教融合工作全面铺开的重要力量。现在，由社会、企业和教育部门共同构成的利益共同体成为产教融合发展的重要推动力量。

2. 从局部到整体的推进

产教融合的主题，从有效提升人才培养质量的教育问题，逐步转变为推进经济、教育、科技、就业等各个系统的战略性、综合性、全局性发展问题。

3. 从主动到自动的发展

产教融合源自高校和企业的合作，正逐步向形成教育和产业统筹融合、良性循环的发展格局推进。人才培养模式完善以需求为坐标，人才供给与产业需求这对矛盾正在不断发展中走向协调，最终达到产教融合生态系统自动运行的状态。

我国高校产教融合的发展是一个动态的迭代升级过程，现仍在不断发展中。随着大量产教融合实践的进行，人们对它的理解和认知不断丰富和深化。产教融合的参与主体不再仅限于产业和教育部门，还包括政府、行业组织、服务中介及其他社会组织。其中，高校、科研机构和企业是产教融合的内在主体，政府、行业组织等是外部主体。2023 年 6 月，国家发展改革委、教育部等八部门印发《职业教育产教融合赋能提升行动实施方案（2023—2025年）》，提出要“以教促产、以产助教，不断延伸教育链、服务产业链、支撑供应链、打造人才链、提升价值链，加快形成产教良性互动、校企优势互补的产教深度融合发展格局”。

综上所述，产教融合是指企业、高校和科研单位等主体，在遵循国家法律法规、经济规律和教育规律的前提下，通过资源整合、优势互补等方式，将人才培养、科学研究和社会服务有机结合起来，以新的理念、技术、工艺、流程或者产品为抓手，形成具有明确合作准则和共同目标的实践活动。

二、高校产教融合的特征

（一）深度性

高校产教融合指高校和企业间的深度协同，旨在实现教学、科研和产业的深度融合。这种融合不是局限在某个特定领域，而是涉及多个领域，包括人才培养、科技创新和产业发展等。而且，高校和企业之间的融合在范围、内容、形式和持续性等方面都具有显著的特征，这些特征能够更好地促进双方的合作，提高高校的人才培养质量和企业的技术水平，促进共同发展。

1.融合范围

高校产教融合的范围非常广泛，它不是局限于某个具体的领域或产业，而是涉及整个产业链的不同环节。高校可以为企业提供人才支持、科研支持和技术支持，同时企业可以为高校提供实践基地、市场反馈和资金支持。这种融合范围的广泛性有利于促进双方在不同环节的合作更加紧密，从而实现更加全面的合作。

2. 融合内容

高校产教融合的内容非常丰富，不仅包括人才培养和科技创新，还包括在技术研发、成果转化、企业文化、管理经验和市场洞察等方面的交流。在融合过程中，高校可以向企业传授先进的教育理念和教学方法，帮助企业提高生产效率；企业也可以向高校传授生产实践经验和对市场趋势的洞察判断，帮助高校提高人才培养质量。

3. 融合形式

高校产教融合可以采用合作办学、联合培养及项目合作等多种形式。例如，高校可以与企业合作开展科研项目，共同攻克技术难题；也可以与企业合作开设专业课程，培养符合产业需求的专业人才；还可以与企业合作开展实习、实训等活动，提高学生的实践能力和就业竞争力。这种多样化的融合形式能够更好地提高合作的效率和质量，同时能更好地满足企业和高校的需求，从而促进双方的共同发展。

4. 融合的持续性

高校产教融合不是一次性的合作，而是一个长期持续的过程。企业和高校应该建立起长期的合作伙伴关系，共同推动产业的发展和人才培养质量的提高。在这个过程中，企业需要向高校提供技术支持、培训机会等资源，而高校需要向企业提供人才培训、教育支持等服务。双方需要建立起相互信任的关系，共同推进产教融合的发展。此外，高校需要在提高人才培养质量的同时，确保学生所学知识与企业实际需求相符合。这样才能建立起长期的合作伙伴关系，才能够持续推动产教融合的发展。

（二）协同性

高校产教融合的协同性主要体现在以下几个方面：强调合作主体的协同，即高校和企业之间需要建立起密切的合作关系，共同推进产教融合的发展；重视教学内容的协同，即高校和企业需要在课程内容和教学方式等方面进行重点合作，以提高人才培养质量；注重教学方式和手段的协同，即高校和企业需要共同探讨和实践新型的教学方式和手段，提高教学效果和学生满意度；强调成果共享的协同，即高校和企业需要在科研和社会服务等方面共享成果，促进双方的发展。这些协同机制能够促进企业和高校之间的紧密合作，实现双方互利共赢的目标。

1. 合作主体的协同

企业和高校的角色虽有不同，但目标是一致的。为了促进产教融合的发展，双方需要建立起有效的协同机制，企业可以通过向高校提供技术支持、培训等服务推动人才培养，也可以通过与高校合作开展科研项目等活动提高自身的技术水平。而高校则可以通过与企业合作开设专业课程为学生提供实践机会，也可以利用企业提供的技术研发平台提高自身的教育水平。

2. 教学内容的协同

企业和高校在教学内容方面的协同，可以通过多种途径实现。如企业可以与高校合作开设实践课程或实践基地，为学生提供实践机会；企业还可以为高校提供教学设备和场地、技术资金等方面的支持，以推动产教融合的发展。高校则可以为企业提供人才支持，还可以帮助企业制订培训计划。

3. 教学方式和手段的协同

教学方式和手段也需要协同。企业需要提供符合实践要求的教学方式，如案例教学、模拟实验等，以满足学生的实际需求；高校则需要与企业合作，采用多种教学手段，如课堂教学、实践操作等，提高教学质量。此外，企业还可以通过为学生提供实践基地、实习机会等方式，促进人才培养质量的提高。在这个过程中，企业和高校需要建立起相互信任和有效合作的关系，共同推动产教融合的发展，实现双方互利共赢的目标。

4. 成果共享的协同

在产教融合中，成果的共享也是十分关键的。企业和高校需要共同制定评价合作成果质量和效益的标准。企业可以将自身的研究成果和技术转移给高校，为高校提供技术支撑；高校也可以将自身的人才培养成果反馈给企业，为企业提供人才支持。通过资源共享和互利共赢，产教融合能够更好地促进双方的发展。

（三）创新性

高校产教融合的创新性要求高校与产业界紧密合作，共同探索新的教育理念、教学模式和科研成果转化模式等，主要体现在创新培养模式、合作形式、合作内容和合作机制等方面。在这些方面的创新有利于提高高校的教育质量和效益，推动产业的升级与发展。

1. 创新培养模式

在产教融合中，“企业 + 高校”的合作模式，有利于将企业的实际需求和高校的人才优势相结合，创新人才培养模式。通过将企业实际需求纳入教学内容，加强实践教学环节，可以提高学生的实际操作能力和综合素质，使得学生的能力更加贴近实际工作岗位的要求，从而提高学生的就业竞争力，扩宽学生的职业发展前景。同时，这种模式也可以促进企业和高校之间的合作，提高企业的技术水平和高校的教学水平，促进产业的发展和进步。

2. 创新合作形式

在产教融合中，可以采用合作办学、联合培养、项目合作等多种合作形式。多样化的合作形式能够更好地满足企业和高校的需求，提高合作的效率和质量。例如，合作办学，即企业和高校需要共同承担教学任务，有利于实现教学内容和实践操作的紧密结合；联合培养，即企业和高校联合招生、联合培养，有利于提高学生的综合素质和就业竞争力；

项目合作，即企业和高校共同参与项目的研究和开发，有利于提高企业的技术水平和高校的教学水平。

3. 创新合作内容

产教融合涉及多方面的内容，如人才培养、技术研发等。企业和高校需要在这些方面进行创新，共同确定培养目标和教学内容，提高教育质量和效益。例如，企业可以为高校提供实验场地、技术设备等方面的支持，也可以为高校提供实践机会和资金支持，还可以与高校合作开展科研项目，共同攻克技术难题；而高校可以为企业提供人才支持，帮助企业优化人才结构，提高人才质量，进而提高企业的技术水平。

4. 创新合作机制

在产教融合中，需要建立起有效的合作机制，以实现双方利益的最大化。企业和高校既需要建立起长期的合作关系；也需要建立合作平台和共享机制，促进企业和高校之间的信息沟通和资源共享；还需要加强人才培养的质量和效益，注重学生实践能力和就业竞争力的提高，推动产教融合的不断发展。因此，产教融合需要建立起有效的合作机制，以促进产业的发展和人才的健康成长。

（四）增值性

高校产教融合的增值性主要体现在提高教育质量、增强企业竞争力、促进产业发展和提高人才质量四个方面。高校产教融合是一种具有增值性的发展模式，能够实现多方互利共赢的目标。

1. 提高教育质量

企业和高校通过将自身的资源和需求进行有效整合，能够促进资源的优化配置。例如，通过共同确定培养目标和教学内容，加强实践教学环节，能够提高学生的实践操作能力和综合素质，从而提高教育质量。高校可以根据企业的需求，开设相应的专业课程和实践环节，培养符合企业要求的人才。企业也可以参与课程设计和教学评估，提供真实的行业经验，确保高校培养出来的人才符合企业的实际需求。另外，实践教学环节也非常重要。高校可以通过与企业合作，为学生提供更多的实践机会，促进学生更好地理解理论知识，掌握实践操作技能，为将来的就业打下坚实的基础。

2. 增强企业竞争力

高校产教融合能够帮助企业提高技术水平和创新能力，从而增强企业竞争力。企业可以通过为高校提供资金支持的方式，促进科技成果的转化和应用；也可以利用高校的科研资源和人才优势，提高自身的技术水平；还可以通过与高校合作开设实践课程或实践基地，为学生提供实践机会，提高学生的综合素质，为学生毕业后到本企业工作奠定一定基础。这些举措能够有效促进企业的发展壮大，提高企业的市场竞争力。

3. 促进产业发展

具体来说，高校产教融合可以通过以下几个方面来推动产业的发展和创新。

（1）促进技术创新。高校产教融合可以将企业和高校的技术研发资源进行有效整合，共同开展技术研发工作。企业可以为高校创造技术研发成果落地的可能，也可以为高校搭建理论研究和实际生产之间的桥梁，帮助高校找到更有应用前景和符合市场需要的研发方向。同时高校可以为企业提供技术支持，尤其是技术创新方面的支持以及技术人才培养服务，促进企业的技术创新和发展。

（2）推动产业升级。高校产教融合可以帮助企业预测市场需求和发展趋势，企业可以据此预先调整产业结构和产品结构，推动产业升级。高校可以通过与企业合作，深入了解行业发展动态，为企业提供更加专业的人才培养服务，促进企业的人才储备和技术创新。

（3）优化产业结构。高校产教融合可以促进产业结构的升级和优化。

企业和高校的合作，可以推动新兴产业的发展壮大，也可以推动传统产业的转型升级。高校可以为企业提供人才培养和技术支持，帮助企业实现产业升级和转型，同时企业也可以为高校提供实践机会和市场反馈，促进高校的教学改革和课程设置。

4.提高人才质量

高校产教融合通过将产业和教育结合起来，可以帮助学生获得实践经验，提高实践操作能力；还可以共同确定培养目标和教学内容，注重学生语言表述能力、团队协同能力、创新创造能力等方面的培养，促进学生综合素质的提高，从而提高人才质量。在企业和高校的合作中，学生可以通过参与企业的项目和实践活动，了解行业的实际情况，学习相应的知识和技能。这种经验可以帮助学生更好地适应未来的工作环境，提高实践操作能力。

第二节　高校产教融合的主体要素与外部要素

一、高校产教融合的主体要素

（一）高校

目前，我国的高校可以分为三种类型：综合性大学或所谓的研究型大学、多科或单科的应用型本科高校和职业技术院校。在本书中，产教融合中的“教”包括上述三种类型的学校，涵盖职业教育、高等教育和继续教育等多个教育层次。

高校承担着人才培养、科学研究、社会服务等重要任务，通过教学和科研活动，为社会输送高素质人才，推动科技创新和发展。高校拥有雄厚的师资力量、先进的教学设施和实验设备，为保证和提高教育质量奠定了基础。同时，高校可以积极引进企业的资源和技术，促进教学水平的提高。高校是产教融合的积极参与者和推动者，与企业进行有效合作，能够有效促进科技成果的转化和应用，推动产业的发展和创新。

（二）科研机构

科研机构是科技创新的重要载体，包括研究院所、实验室、研发中心等。科研机构也是产教融合的重要组成部分，通过开展科学研究和技术开发，推动科学技术的进步和创新，为产业发展和科技创新提供强有力的支撑。科研机构与企业合作，可以将科技成果应用于生产中，促进科技成果的转化和应用。这种合作不仅可以为企业提供技术支持和创新资源，帮助企业提高技术水平和竞争力，也可以为科研机构提供实践应用的平台和市场反馈，推动科研成果的进一步研发和应用。除此之外，科研机构也需要与高校合作，共同确定培养目标和教学内容，促进人才培养质量的提升。

（三）企业

企业是产业发展的重要推动者，通过自身的生产经营和技术创新，推动产业的发展和创新。企业可以为高校提供人才培训、实验场地、技术设备等方面的支持，可以为学生提供实践机会及实践环境的支持；也可以和高校、科研机构合作开展科研项目，促进科技成果的转化和应用；还可以在高校等的帮助下，制订人才培训计划，通过吸引高素质的人才提高自身竞争力。

（四）产业界的其他组织和机构

在高校产教融合的主体中，产业界是非常关键的一个要素。产业界不仅包括企业，还包括其他组织和机构，如行业协会。产业界作为经济发展的主体，具有强大的技术创新和成果转化能力，与教育机构合作，能够共同推进人才培养和科技创新。

（五）政府

政府作为高校产教融合的主体要素，作用是非常重要的。政府可以通过建设配套设施、制定相关政策等方式，引导企业与高校开展合作。为保证企业与高校合作的持续、稳定发展，政府可以开展相关的理论研究与形势预判，提高合作的成功率；可以直接介入管理协调环节，通过评价、监控和约束等手段，保障合作关系的稳定性；可以制定有效的政策措施和管理办法，如规范科技成果转换市场政策和评判标准等，提高合作的规范性。除此之外，政府还可以通过建立部省协同推进机制，设计央地互动、区域联动、政行企校协同的改革新机制等方式，打造政策制度精准配合、各类条件保障有力、产教深度有机融合的新生态。

（六）其他社会组织

其他社会组织包括服务中介机构、基金会等，它们为高校与产业界、企业之间的沟通、协调提供了平台。在高校产教融合背景下，服务中介机构指的是那些为企业提供人才和技术支持的服务机构，包括猎头公司、人才培训机构、技术转移机构等。通过与教育机构合作，服务中介机构能够为企业提供优秀人才和技术支持，帮助企业更好地发展。同时，教育机构也可以通过服务中介机构获得更多的商业机会和合作伙伴，推动产教融合的深入发展。

二、高校产教融合的外部要素

高校产教融合是一个复杂的过程，参与主体除了要协调彼此间的融合关系，还要考虑外部要素的影响。在产教融合过程中，主体之间建立的紧密合作关系，会受到外部环境变化的影响，如政策环境、经济环境、社会环境和技术环境等。外部环境还会影响产教融合的可持续发展。产教融合需要长期投入和合作，如果外部环境不稳定或存在问题，会导致产教融合难以维持，从而影响产教融合的可持续发展。总之，考虑外部环境是推动产教融合发展的必要前提。只有充分了解外部环境的变化和存在的问题，并及时采取相应的措施，才能有效推动产教融合的发展。

（一）政策环境

政策环境是指政府为了促进产教融合活动顺利进行而采取的各种政策措施，主要内容包括政策支持、制度保障、宣传推广、人才培养和监督管理等。

1. 政策支持

政府对产教融合的政策支持可以从多个方面入手，包括税收减免、资金支持等。税收减免政策可以降低企业的成本，鼓励更多的企业参与产教融合。例如，政府可以对参与产教融合的企业给予一定的税收减免，减轻企业的负担，从而提高企业参与产教融合的积极性。政府还可以设立专项资金，用于支持产教融合项目的实施和推广，为企业和高校提供资金支持，促进产教融合的深入发展。

2. 制度保障

政府通过建立完善的法律规章制度，为产教融合提供制度保障。例如，政府可以通过制定相关法律法规，明确产教融合的概念、范围、目标和原则，规范产教融合的实施和管理。这些法律法规可以为产教融合提供法律依据和保障，有利于促进产教融合的健康发展，以及人才质量提高和企业发展的良性互动，从而推动经济的可持续发展。

3. 宣传推广

政府积极宣传产教融合的重要性和积极作用，鼓励企业和教育机构积极参与产教融合。例如，政府可以通过媒体、互联网等渠道，向社会宣传产教融合的理念和成果，引导更多的企业和高校参与产教融合。政府还可以通过举办产教融合论坛、培训班等活动，促进产教融合的发展。

4. 人才培养

政府应加强人才引进、人才培育培养工作，鼓励高校和科研机构与企业合作，培养具备较高应用能力的高素质人才，为经济社会发展提供强有力的人才支撑。政府还可以通过加强对人才培养工作的支持和引导，推动产教深度融合，为经济社会的发展作出更大的贡献。

5. 监督管理

政府可以建立专门的产教融合监管机构，负责对产教融合活动进行监管。该机构可以制定相关政策、标准和规范，确保产教融合活动的合法性和规范性。该机构还可以加强对产教融合活动的评估和监测，及时发现问题，并采取措施加以解决。这有助于确保产教融合活动的顺利进行，促进企业与高校的良性互动，提高人才质量。

（二）经济环境

经济环境对产教融合的发展也具有至关重要的影响。如果经济环境不稳定，企业的投资和招聘的人员可能会减少，从而会影响产教融合的开展。因此，产教融合的主体需要关注经济环境，以便及时调整合作计划和投资策略。

1. 经济周期

产教融合需要企业与包括高校在内的教育机构之间保持长期的密切合作。然而，经济周期不稳定或发生波动时，会导致产教融合难以维持。在这种情况下，企业需要根据当前的经济周期，作出相应的调整。

（1）企业需要考虑自己的投资策略和生产计划。在经济低迷期间，企业应该采取稳健的投资策略，以降低风险和稳定财务状况。例如，企业可以推迟一些研发项目或者减少一些投资支出，等待经济的复苏；企业也可以考虑通过降低成本，如裁员、缩减产品线等，来提高盈利能力。

（2）企业需要与教育机构加强合作。在经济周期发生波动的情况下，企业更应注重与教育机构的合作，以促进技术创新和人才培养。例如，企业可以通过提供实习机会和培训计划，吸引并留住优秀的人才。

（3）企业需要加强品牌建设和市场营销策略。在经济低迷的情况下，企业需要加强品牌建设和市场营销策略，以提高市场地位和盈利能力。例如，企业可以通过产品创新和差异化营销，提高产品的竞争力；还可以通过开拓新的市场渠道和寻找新的业务机会，增加收入来源。在经济发展趋势良好的情况下，企业仍需要加强品牌建设和市场营销策略。例如，企业可以采用差异化营销和创新营销等方法，提高产品的竞争力；还可以通过社交媒体和在线广告等渠道，扩大并提高品牌的影响力和市场占有率。

2. 市场需求

产教融合需要满足市场需求，这是增强产教融合效果的重要保障。然而，如果市场需求不足或存在激烈竞争，则会严重影响产教融合的效果。在这种情况下，企业需要根据市场需求的变化和趋势，及时调整工作计划和营销策略。

（1）企业需要了解市场的需求变化和发展趋势。通过市场调研和分析，企业可以了解市场需求的变化和发展趋势，从而调整产教融合的内容和形式，以满足市场需求。例如，企业可以根据市场需求开发新的教育和培训项目，以吸引更多的客户和资源；还可以通过开拓新的市场渠道和寻找新的业务机会，满足市场需求。

（2）企业需要注重用户体验和客户满意度。在市场竞争激烈的情况下，客户满意度和用户体验是企业成败的关键。因此，企业需要注重用户体验和客户满意度，以提高客户忠诚度和品牌价值。例如，企业可以通过提供高质量的教育和培训服务，满足客户的需求和要求；还可以通过提供优质的客户服务，提高客户的满意度和忠诚度。

3. 资金压力

产教融合需要大量的资金投入，这也是增强产教融合效果的重要保障。因此，如果企业资金压力过大或存在资金瓶颈，则会严重影响产教融合的顺利开展。在这种情况下，企业需要及时调整自己的资金使用计划和投资策略。

（1）企业需要合理规划资金使用和投资计划。在保证生产的基础上，企业需要根据自身的财务状况和目标需求，制定合理的资金使用和投资计划。例如，企业可以将资金分配到不同的项目和领域，以减少“将鸡蛋放到一个篮子里”的风险，还可以通过融资的方式（如借款、发行债券等）来缓解资金压力。

（2）企业需要考虑资金风险和市场波动。在资金压力大的情况下，企业需要考虑资金风险和市场波动的影响，以便制定相应的风险管理策略。例如，企业可以通过多元化投资组合来分散风险，还可以通过资产剥离等方式来减小资金压力和市场波动带来的影响。

（3）企业需要加强财务管理和风险控制。在资金紧张的情况下，企业需要加强财务管理和风险控制，以确保资金的使用效益。例如，企业可以加强财务监管和预算控制，还可以加强风险管理和控制，以保证有限的资金发挥出最大效用。

4. 经济政策

政府制定的经济政策不仅直接影响企业的生产经营和投资决策，也对人才培养和产教融合产生着深远的影响。经济政策通常包括以下几项。

（1）财政政策，包括税收、财政支出、国债等，旨在实现国家的宏观经济目标，如稳定经济增长、促进就业、调整收入分配等。

（2）货币政策，包括利率、货币供应量、汇率等，旨在调节货币供应量、稳定物价、控制通货膨胀、促进经济增长等。

（3）产业政策，包括产业结构调整、技术创新、知识产权保护等，旨在促进产业升级、提高产业附加值、增强企业竞争力等。

（4）贸易政策，包括关税、贸易配额、出口退税等，旨在促进国际贸易、保护本国产业、扩大出口等。

（5）投资政策，包括鼓励外商投资、引导民间投资、支持企业创新等，旨在促进经济增长、提高产业水平、增加就业等。

（6）劳动力政策，包括就业政策、劳动力市场管理等，旨在促进就业、提高劳动力素质、维护劳动者权益等。

企业需要关注政策环境的最新情况和变化，以便及时调整自己的合作计划和投资策略。

（三）社会环境

社会环境也是影响高校产教融合的因素之一。如果社会对产教融合的认识不足，会给产教融合造成消极影响。因此，产教融合主体需要关注社会环境，以便根据环境变化及时调整自己的工作计划和营销策略。例如，加大宣传力度，提高社会对产教融合的认可度。

1. 文化背景

不同国家和地区有不同的文化传统、价值观念和行为习惯，这些都会对产教融合产生一定的影响。例如，一些国家和地区非常重视教育和科技，这会对产教融合的推进和发展产生积极影响。因此，产教融合主体需要了解和尊重不同的文化背景，并制定相应的合作策略。

2. 人才需求

随着经济的不断发展，社会对人才的需求也在不断变化。例如，随着科技的发展和进步，新的职业、岗位不断涌现，岗位职责和技能要求也在不断变化。因此，产教融合主体需要密切关注社会对人才需求的变化，在及时调整合作方向和策略的同时，不断提高自身的发展水平，以满足社会对人才的需求。

3. 社会价值观

社会价值观不同，人们对产教融合的认识和理解也会不同。在一些国家和地区，产教融合被看作促进社会发展和进步的重要手段；而在另一些国家和地区，产教融合并不被看成是非常重要的事情。因此，产教融合主体需要了解并尊重不同的社会价值观，由此制定相应的合作策略。

4. 社会氛围

营造社会氛围是指通过各种手段和方式，影响社会大众的情绪、态度和行为，以达到某种社会目标或需求。良好的社会氛围可以深化人们对产教融合的认识，提高人们对产教融合的认同度；也可以促进产业和教育的互动，推动二者的协同发展；还可以促进产教融合的可持续发展，增强社会对产教融合的支持和信任。因此，产教融合主体需要积极营造良好的社会氛围，以推动产教融合的发展。

（四）技术环境

技术环境也是影响产教融合的重要因素。例如，技术环境的不稳定或不成熟，会影响产教融合的开展效果。随着科技的不断发展和进步，技术环境也在不断变化，新的科技应用、技术手段等不断涌现，这些都可能对产教融合产生影响。因此，产教融合主体需要密切关注技术环境的变化，及时调整自己的工作计划和技术路线，以适应新的技术环境。

1. 技术发展趋势

技术环境不是一成不变的，而是一个动态环境，如不断涌现的科技成果、新兴技术等。因此，产教融合主体需要关注技术发展趋势，及时调整合作策略，积极引入新的技术手段，提升合作效果。在技术环境的不断变化中，产教融合主体也需要不断学习和更新技术知识，提高自身的技术能力和水平，以更好地应对技术环境的变化。

2. 技术瓶颈

技术瓶颈包括技术难点、技术壁垒等。产教融合主体需要了解并突破技术瓶颈，只有这样才能实现更好的发展。产教融合主体也需要积极寻求合作伙伴，共同攻克技术难点，提升技术水平，以便更好地推进工作。产教融合主体还需要积极引进先进技术和优秀人才，提高自身的技术水平和创新能力，以更好地适应技术环境的变化。

3. 技术成本

不同的技术工具有着不同的成本和使用难度，产教融合主体需要根据自身的实际需求和预算，综合考虑技术工具的成本和使用难度，从而选择最合适的技术工具，以提高合作效率和质量。此外，产教融合主体还需要积极寻求合作，共同开发和应用新技术，以降低技术成本，提高合作效率。

4. 技术安全

随着信息技术的不断发展，网络安全、数据安全、隐私保护等问题日益突出。产教融合主体需要增强安全意识，采取相应的安全措施，保障合作过程中的数据安全和信息安全。例如，采用加密技术、防火墙等技术手段，保护数据安全。同时，产教融合主体还需要加强对员工和合作伙伴的培训，提高他们的安全意识和技能水平。除此之外，产教融合主体还可以积极参与相关安全标准和规范的制定与推广，以提高自身的技术水平和安全保障能力。

第三节　高校产教融合的原则与形式

一、高校产教融合的原则

（一）需求导向原则

产教融合应该以满足企业的需求为导向，将人才培养与社会和企业的需求相结合，增强学校与企业的紧密度，为学生提供更加贴近真实就业岗位的学习和发展机会，以使学生更好地满足社会和企业的发展需求。具体来说，需求导向原则包括以下几个方面。

1. 确定明确的培养目标

需求导向原则要求企业明确用人需求，高校则根据这些需求确定人才培养目标。具体来说，高校需要密切关注企业的人才需求和发展动态，加强与企业的沟通和合作，及时收集和整理企业的用人需求信息，据此制定相应的人才培养计划和方案，以提高人才培养的针对性和实用性，更好地满足企业对人才的需求。

2. 制订个性化的培养方案

需求导向原则要求高校根据企业的需求和学生的特点，制订个性化的培养方案。这样能够更好地满足学生的发展需要，提高学生学习的针对性和实用性，激发学生学习的积极性和主动性。例如，根据学生的专业背景和能力水平，制订相应的教学计划，为学生更好地发挥自己的优势、提高学习效果和成就感提供保障。反过来，需求导向原则的应用也可以帮助高校更好地了解学生的学习需求和发展动态，及时调整和优化教学内容和方法，从而提高人才培养质量。

3. 加强实践教学环节的设计和实施

需求导向原则要求高校加强实践教学环节的设计和实施，帮助学生更好地完成从理论到实践的过渡，提高实践应用能力。因此，高校应加强与企业的合作，提高企业的参与度和投入度，丰富实践环节的内容，推动产教融合工作顺利开展。除此之外，需求导向原则的应用可以帮助高校更好地了解学生的学习需求和发展动态，以便及时调整、优化教学内容和方法，提高学生的学习效果和学习满意度。

4. 加强与企业的合作

需求导向原则要求高校积极加强与企业的合作，详细地了解企业的用人需求和发展动态，据此制订相应的人才培养计划和方案，从而为学生提供更加贴近实际的培养方案和实践机会。与此同时，高校应积极向企业介绍新技术、新成果，提高企业的技术水平和创新能力，推动产教融合工作的深入发展。

（二）合作互惠原则

产教融合主体之间需要密切合作，以实现资源共享、互利共赢，这是合作互惠原则的核心。其中，高校提供教学资源和技术支持，企业提供人才需求和市场信息，从而共同提高人才培养的实用性和针对性，共同推动产教融合的发展，为社会发展提供更有力的支持。具体来说，合作互惠原则包括以下几个方面。

1. 加强有效沟通

合作互惠原则要求产教融合主体之间加强有效沟通，建立有效的信息交流机制。只有这样，才能更好地实现产教融合的良性发展。

产教融合主体需要积极建立信息交流平台和合作机制，加强双方之间的沟通和合作。高校可以通过与企业的合作，了解企业的人才需求，从而为学生提供贴近实际的培养方案和实践机会。企业可以通过与高校的合作，获得高素质的人才和先进的科技成果，提升自身的竞争力和创新能力。除此之外，高校也可以为企业提供技术咨询、人才培养等方面的支持，帮助企业解决技术难题和提高人才素质；企业也可以为高校提供实践机会、科研经费等方面的支持，促进高校教学和科研水平的提高。只有建立友好、互惠的合作机制，加强双方之间的合作和互助，才能实现教育和产业的良性互动，为经济发展做出更大的贡献。

2. 推动深度融合

合作互惠原则是指合作的双方都能够获得利益，达到双赢的目的。推动高校与企业的深度融合，符合合作互惠原则的要求。教育具有系统性、理论性等特点，可以为企业提供人才和智力支持；而企业具有实践性、创新性等特点，可以为教育提供实践平台和经济支持。两者深度融合，充分发挥各自的优势，能够提高人才培养的实用性和针对性，推动产教融合的顺利开展。

教育和产业的深度融合可以提高企业的参与度和投入度，企业可以更好地了解市场需求，掌握最新的技术和管理知识，提高自身的竞争力；同时，高校也可以获得企业在实践平台和经济方面的支持，促进人才培养质量的提高。这种合作互惠关系，可以促进双方的共同发展，真正实现产教融合的目标，推动产业升级和转型，促进经济社会的可持续发展。

3. 加强协同育人

合作互惠原则要求高校和企业加强协同育人，共同承担起人才培养的责任，更好地发掘学生的潜力和优势，让他们更好地适应社会和职场的需求。在高校与企业的合作过程中，双方需要充分发挥各自优势，如高校可以提供人才资源和科研支撑，企业可以提供最新的技术和管理理念，共同为学生的成才保驾护航。

同时，高校和企业协同育人还需要注重学生综合素质的培养。学生不仅需要具备扎实的专业知识和实践能力，还需要具备正确的世界观、人生观和价值观等。因此，高校和企业需要注重学生的全面发展，为学生提供更全面、更优质的教育资源和服务，促进他们更好地满足社会和职场的需求。

4. 促进合作创新

合作互惠原则鼓励企业和高校共同开展技术研发和创新实践，这样可以更好地发挥各自的优势，共同提高人才培养质量，实现双赢的目的。具体来讲，通过合作，企业既可以从高校引入先进的科学技术和创新理念，还可以为高校学生提供更多的实践机会和平台，促进学生创新能力和实践能力的提升，为社会和行业的发展提供更大的人才支持和智力支持。

需要注意的是，合作创新需要重视创新方向的选取。创新方向应该与国家和社会的需求紧密相关，注重解决行业和社会的实际问题，为行业发展和社会进步提供更大的支撑。同时，创新方向还应该注重可持续发展，注重技术创新和经济效益的平衡，实现创新与可持续发展的融合。总之，企业和高校应在保持和发挥各自优势的基础上，加强合作创新，为国家和社会的发展提供更大的人才支持和智力支持。

（三）创新引领原则

创新引领原则的核心是以创新为引擎，通过创新思维和方式，推动教育和产业的深度融合，提高人才培养的实用性和创新性，通过加强教育与产业的协同创新、高端合作、知识共享和国际化发展，提高人才的创新能力和应用能力，从而为产业和社会发展提供更加有力的支持。具体来说，创新引领原则包括以下几个方面。

1. 加强协同创新

创新引领原则要求教育与产业加强协同创新，推动教育、产业和技术的深度融合。在当前社会和经济快速发展的背景下，教育与产业更需要加强协同创新，充分发挥各自的优势，促进技术的创新和理念的更新，为人才培养提供更大的创新引领和支持。

教育与产业协同创新需要关注市场需求和社会变化。市场需求和社会变化是产业发展和创新的重要因素，只有深入了解市场需要和社会变化，才能更好地为高校配置教育资源和优化教育服务提供依据，从而能进一步提升人才质量与市场需求的契合度。除此之外，教育与产业协同创新还需要注重技术研发和创新。技术研发和创新是产业发展的重要支撑，只有加强技术研发和创新，才能不断提高产业的核心竞争力和创新能力，为社会经济发展提供更好的支持。

2. 推动高端合作

推动教育与产业的高端合作，鼓励企业和高校开展高水平的科研合作和创新实践，这样可以不断促进企业和高校的发展，提高人才的创新能力和实践能力。此外，创新引领原则注重可持续发展。创新不仅仅是为了眼前的发展和利益，更是为了长远的发展和利益。因此，教育与产业的高端合作应该注重技术创新与经济效益的平衡，实现创新与可持续发展的融合，为社会和行业的可持续发展做出更大的贡献。

3. 加强知识共享

促进教育与产业之间的知识共享和传递，可以提高人才的实践水平和创新能力，为社会的发展提供更有力的支持。这可以通过加强教育与产业之间的合作来实现。它们之间的合作可以促进创新和知识转移，从而提高产业和社会的发展水平。一方面，教育与产业之间加强知识共享需要注重实践经验的积累。实践经验的积累是产业发展和创新的重要支撑，是不断提高产业核心竞争力和创新能力的关键，能够为社会经济发展提供更大的支持。另一方面，教育与产业之间加强知识共享需要注重知识传递和创新共享。知识传递和创新共享有利于促进知识的转移和技术的应用，为人才培养提供更多的实践机会和更大的平台。

4. 推动国际化发展

创新引领原则重视教育与产业的国际化发展，鼓励高校和企业开展国际化的合作和交流。这样可以提高人才的国际化水平和竞争力，为产业和社会发展提供更有力的支持。

在推动教育与产业国际化发展的过程中，高校和企业需要拓宽国际化视野。国际化视野是产业发展和创新的重要支撑。只有具备国际化视野，才能突破自身的狭隘，站在更高、更全面的角度看问题，更好地适应越来越激烈的全球竞争，从而不断提高产业的核心竞争力和创新能力。因此，在促进教育与产业国际化发展的同时，应该鼓励企业和高校积极参与国际交流和合作，借鉴国际先进的教育理念和实践经验，推动教育与产业的国际化进程。除此之外，教育与产业的国际化发展还需要注重国际化人才的培训与引进。人才是第一资源，为培养并留住人才，高校和企业应该尽最大可能从物质和精神两方面为人才的成长提供条件。只有通过国际化的发展方式，才能真正提高人才的国际化水平和核心竞争力，为产业和社会发展提供更有力的支持。

（四）可持续发展原则

可持续发展原则的核心是以满足当前需求为前提，以不损害未来利益为目标，通过推动教育与产业的协同发展、增强生态意识、促进社会责任和资源共享，实现经济、社会和环境的协同发展。

在践行可持续发展原则的过程中，应注重以下几个方面。

1. 注重经济、社会和环境等方面的影响

产教融合的主体应高度重视合作对经济、社会和环境等方面的影响，实现教育与产业的良性互动。

（1）促进经济发展。产教融合既可以促进产业升级和技术创新，提高企业的竞争力和市场占有率；也可以为企业提供高素质的人才，满足企业的人才需求，从而推动经济发展。

（2）提高教育质量。通过产教融合，高校可以更好地了解市场对人才的需求，调整教学内容和方法，同时，企业也可以为高校学生提供实践机会，让学生更好地掌握知识和实践技能，从而共同提高人才培养质量。

（3）促进就业。通过产教融合，高校学生可以获得企业提供的实践机会，有利于提高自身的就业能力和竞争力，从而获得更多的就业机会。

（4）保护环境。开展产教融合，有利于促进环保产业的发展，推动企业实现绿色生产和可持续发展。更重要的是，高校可以通过课程设置和教学方法的调整，培养学生的环保意识和环保技能。

2.注重技术创新和经济效益的平衡

在推进产教融合的过程中，产教融合主体应该注重技术创新和经济效益的平衡，以及社会责任和资源共享，以实现可持续发展目标。

（1）注重技术创新和经济效益的平衡。技术创新是推动产业发展的重要动力，但如果过度追求技术创新而忽视经济效益，可能会导致资源的浪费。因此，在推进产教融合的过程中，产教融合主体应该平衡技术创新和经济效益的关系，确保技术创新能够带来实际的经济效益。

（2）注重社会责任和资源共享。在推进产教融合的过程中，企业和高校既应该主动承担社会责任，积极参与社会公益事业，为社会进步做出贡献；也应该注重资源共享，通过资源共享，实现资源的最大化利用，提高资源的利用效率。

3.增强环保和资源节约意识

加强生态意识的培养，推广环保技术和理念，增强学生和产业从业人员的环保和资源节约意识，有利于促进资源的高效利用，实现可持续发展的目标。

（1）保护生态环境是人类生存和发展的基础，也是推进产教融合的重要前提。为保护好生态环境，高校应发挥自身的教育功能，通过课程设置、举办环保活动等方式，从理论和实践两方面增强学生的环保意识。只有这样，才能最大化地提高资源利用效率，实现经济、社会和环境的可持续发展。

（2）推进产教融合需要注重资源的合理利用。推进产教融合需要大量的资源投入，包括人力、物力和财力等。只有注重资源的合理利用，才能最大化产教融合的效益。

4. 注重承担社会责任

在推进产教融合的过程中，企业和高校还应该勇挑社会责任的重担，尤其是企业，要增强社会责任感。产教融合不仅仅是产业和教育之间的融合，更是社会责任和义务的体现。企业和高校只有承担起自己的社会责任，关注环境保护、热心社会公益等，才能够实现自身的长远发展，从而促进产教融合的可持续发展。

（五）资源共享原则

资源共享原则的核心是加强教育与产业的协作，促进教育与产业之间的知识传递和创新共享，提高人才培养的实用性和针对性，为产业和社会发展提供更加有力的支持。教育与产业是相互依存的，通过资源共享，有利于实现双方的协同发展。推广并践行资源共享的理念，能够提高资源利用效率，促进产业的持续发展和高校的进步。

具体来说，资源共享原则包括：加强教育资源的共享，促进高校和企业在教育资源方面的合作和交流，提高人才培养的实用性和针对性，更好地发挥教育和产业的优势；推动产业资源的共享，促进企业和高校在产业资源方面的合作和交流，提高人才的创新能力和实践能力，更好地发挥产业的优势；加强人才资源的共享，促进高校和企业在人才资源方面的合作和交流，提高人才的核心竞争力；加强信息资源的共享，促进学校和企业在信息资源方面的合作和交流，提高人才的信息获取和应用能力，既有利于高校转变信息教育观念，促进教育模式、教学内容、教学方法的改革，也有利于企业进行信息技术更新，提高生产效率。

二、高校产教融合的形式

我国高校产教融合的形式有多种，功能和形式上也存在交叉，这里主要介绍以下几种。

（一）校企合作

校企合作，是指高校与企业合作开展人才培养、科学研究和社会服务等活动，以实现资源共享、互利共赢。例如，中国海洋大学与华为技术有限公司（简称华为）签署战略合作协议，共建“智能高性能计算技术联合实验室”。双方依托华为自主研发的高性能计算设备，发挥中国海洋大学的学科优势，共同开展全球气候气象精细预测、海洋生物医药资源精准开发、智慧产业经济精细服务等领域的合作，围绕芯片、5G、人工智能等重点领域展开长期合作，并共同培养学科交叉型、应用型、高水平产业人才。此外，华为还为中国海洋大学深圳研究院的建设提供支持。

（二）产教联盟

产教联盟，是指企业与教育主体组成联盟，共同推进人才培养和技术创新。例如，阿里云与慧科教育集团启动阿里云大学合作计划（Aliyun University Cooperation Program，AUCP）。双方在北京航空航天大学、浙江大学、复旦大学、上海交通大学、西安交通大学、南京大学、武汉大学、华南理工大学 8 所高校中，开设“云计算与数据科学”专业方向。通过 AUCP，高校与学生可以获得包括阿里巴巴集团云计算和大数据技术、阿里云资深工程师授课资源等在内的丰富资源。该计划旨在为高校提供云计算和数据科学的教学和实践平台，并为学生提供实践机会，培养他们成为具备云计算和数据科学技能的高水平人才，以支持未来的产业发展。又如，上海智能制造产业技术创新战略联盟由上海多家智能制造企业和高校组成，旨在推动智能制造技术的创新发展，为行业提供高质量的人才；大湾区产教联盟在广东省高等学校毕业生就业促进会的指导下，在自愿、平等、合作、共赢的基础上，深入探索产教融合发展的模式与方法，发挥引领示范作用，打造推动区域人才发展、共享产教资源的重要平台。

（三）产教对接

产教对接，是指企业与教育主体通过对接市场需求和教育资源，实现教育与产业的有机衔接。例如，在“2019第二届中国（绍兴）工业互联网创新发展论坛暨智能制造推进大会”上，绍兴市人民政府与阿里云计算有限公司、浙江工业大学宣布达成深度合作，共建绍兴工业互联网学院（绍兴工业互联网研究院），加快数字产业化发展，实现“绍兴制造”向“绍兴智造”的创新跃升。再如，中国人民大学与中国建设银行合作，为学生提供职业规划和创业指导；北京航空航天大学和华为共同建立北航—华为关键软件联合实验室，致力于开展云计算、大数据等领域的技术研究和人才培养；北京大学深圳研究院与深圳报业电子商务有限公司举行签约仪式，就助力乡村振兴实现农业产融协同达成合作，共同打造农业数字化产融协同、产教融合新模式；上海交通大学与美国通用电气公司（General Electric Company，GE）共建联合实验室，致力于在智能制造、能源等领域开展技术研究和人才培养。

（四）产教融合基地

产教融合基地，是指企业与教育机构合作建设的实践教育基地，旨在为学生提供实践机会和创业支持，提高人才培养质量和技术创新能力。

例如，中国农业大学与国家农机装备创新中心建立研究生联合培养基地，旨在为学生提供实践机会和创业支持，促进人才培养和技术创新。国家发展改革委批准成立的“语音及语言信息处理国家工程研究中心”，中国科学技术大学与科大讯飞股份有限公司联合建立，旨在为产业提供技术支持、人才培养等服务。

（五）产教融合小镇

产教融合小镇，旨在以产业为主导，整合教育资源和科技创新资源，形成产教融合生态系统，为人才培养和产业发展提供有力支撑。例如，杭州未来科技城布局“浙江大学 + 阿里巴巴 +EFC+ 梦想小镇”，形成“产学研”一体化的区域发展模式，同时吸引数十所知名高校、医院、科研院所，众多世界 500 强、高新科技企业及产业园落户，打造了一条堪比“斯坦福大学 + 硅谷 + 沙丘大道”的杭州城西科创走廊；武汉都市圈黄石大冶湖高新区与湖北工程职业学院共建“中堰汽车小镇”产教融合实训基地，充分整合学校、企业、行业、政府四方优势资源，打造政校行企联合体，不断探索新能源与智能网联相结合的创新型人才培养模式，打造大冶湖高新区汽车产业人才培育高地、示范基地；江西首个大数据标注园区——广昌大数据标注产业小镇，依托广昌县职业技术学院人才资源优势，从大数据“采、标、检、用、聚”五个环节入手，全方位覆盖文本、语音、图像、视频、人脸、无人车、地图测绘等数据类型的标注和加工处理服务，最终打造成集数据标注、数据质检、数据应用为一体的特色数字经济产业项目。

（六）产教融合园区

产教融合园区，是指由企业、高校、科研机构等构成的园区，通过资源共享、技术创新等方式，促进产教融合，推动人才培养和产业发展。例如，济源产教融合园区、北京中关村软件园，均集聚了多所高校和科研机构，为当地的人才培养和科技创新提供了平台支持。

（七）产教融合云平台

产教融合云平台，是指企业与教育机构通过网络平台开展合作，提供教学资源共享、在线课程推广、人才培养和社会服务等服务，有利于提高产教融合的效率和效益。例如，阿里云大学是企业与教育机构合作建设的一个在线教育平台，提供在线课程、实践机会和创新创业支持等服务，旨在为行业培养高水平人才；中国高等教育学生信息网是我国高校招生和学生就业的重要平台，可为企业提供学生信息和就业数据等服务；百度云智学院和华为云学院均提供在线课程、实践机会和创新创业支持等服务，目的均是为企业和行业培养高水平人才。

（八）产教融合智库

产教融合智库，是指由企业、教育机构、专家学者等组成的知识库和智慧平台，能够为产教融合提供智力支持和政策建议，有效促进产教融合和创新成果转化。例如，上海市工商联信息技术商会产教融合专委会，汇聚了来自高校、企业等领域的专家学者，为产教融合提供智力支持和政策建议。

（九）产教融合发展论坛

产教融合发展论坛，是指由企业、教育机构、行业协会等组织的交流平台，通过主题讲座、研讨会等形式，促进产教融合主体共享经验，加强合作与交流，推动产教融合深入发展。例如，全国高等学校产教融合发展论坛、产教融合发展战略国际论坛、产教融创发展论坛等，均为产教融合主体的沟通交流提供了平台支持，促进了产教融合的进一步发展。

（十）产教融合发展基金

产教融合发展基金，由企业出资，用于支持产教融合项目、人才培育等，目的是促进产教融合可持续发展。例如，上海电机学院产教融合发展基金、湖南省跨境电商产教融合发展基金、广发基金“一司一省一高校”产教融合项目等，均为产教融合的可持续发展提供了资金支持。

（十一）产教融合课程

产教融合课程，是指由企业与教育机构合作开设的针对产业需求的课程，目的是为学生提供更贴近实践的学习环境和机会。例如，江苏省教育厅 2022 年立项建设 200 门省级产教融合一流课程，包括南京大学的环保产业的创新创业、南京航空航天大学的微小型飞行器创新设计与制作、南京邮电大学的物联网与鸿蒙操作系统创新实践等，均为学生提供了更贴近实际工作环境的实践机会。

（十二）产教融合实习

产教融合实习，是指企业与教育机构合作开展的实习项目，目的是为学生提供实践锻炼和职业素养提升的机会，促进产教融合和人才培养质量提高。例如，上海工程技术大学材料科学与工程学院全面推进产教融合顶岗实习项目、武汉商学院预制菜现代产业学院与盒马鲜生开展实习实训合作，均为实习生提供了实践锻炼和职业素养提升的机会。

（十三）产教融合实验室

产教融合实验室，是指企业与教育机构合作建设的实验室，目的是为学生提供实验环境和实践机会，促进技术创新和成果转化。例如，中国电子科技集团公司与中国科学技术大学合作共建量子通信器件联合实验室，为量子通信领域的科技创新和成果转化提供了实验环境。又如，华南理工大学与广西华原过滤系统股份有限公司共建先进过滤与分离技术联合实验室，在高端滤材、智能过滤产品等领域的基础性、前瞻性和关键共性技术研究等方面深化合作，发挥产研合作的优势，持续探索更多的前沿领域和应用场景，共同推动过滤分离领域的创新和发展。

（十四）产教融合创新中心

产教融合创新中心，是指企业与教育机构合作建设的集科研、教学和社会服务于一体的创新中心，目的是为人才培养和技术创新提供平台支持。例如，湖北汽院智能汽车产教融合工程创新中心，面向汽车“智慧设计—智能制造—智能驾驶—新能源材料—大数据分析—智慧服务”产业链，为湖北汽车工业学院一流学科建设和人才培养提供坚强支撑，有力推进“三步走”发展战略。又如，聊城职业技术学院牵手卡奥斯、青软集团、聊城高新区联合建设聊城市工业互联网产教融合创新中心，以区域产业发展急需为牵引，充分依托海尔产业优势，通过政行企校多方协同，打造了集人才培养、技术应用推广、公共实训、双创服务功能于一体的综合性产教融合创新平台。

（十五）产教融合产业园

产教融合产业园，是指企业与教育机构合作开发的产业集聚区，目的是为企业提供技术支持、人才培养等服务，推动产业升级和创新发展。

例如，长春新区产教融合产业园围绕“北湖科学城”“长春药谷”“长春光谷”“新材料基地”等新区发展战略重点，以生物医药、光电信息等千亿级战略产业为指引，以职业培训等综合职教功能为核心，以“一院三所”等科技创新平台资源为动力，积极探索“产业＋教育＋科技”深度融合发展新路径，面向新区，辐射长春，全力打造综合性产教融合产业园区，赋能产业转型升级，助推新区高质量发展。

这些多样化的形式有助于促进教育资源与产业资源的有效结合，提高教育质量和效益，推动人才培养和技术进步，促进产业发展和创新。需要说明的是，这些形式之间并没有严格的界限，很多形式虽然叫法不同，但实质上并没有太大的差别。上面提到的一些案例也兼容了多种形式，或者是随时间的推移会在不同形式间变化。

第四节　高校产教融合的意义

产教融合是一种将产业和教育进行深度整合的教育模式，它的意义在于通过促进理论知识与实际应用的结合，提高人才的培养质量，为产业发展提供更有力的人才支持。具体来说，产教融合的意义包括以下几个方面。

一、提高人才培养的实用性和针对性

产教融合强调教育与产业的深度整合，因此高校要及时对接企业的实际人才需求，据此调整人才培养方案，提高人才培养的实用性和针对性，这也是产教融合的初衷。

（一）培养具有实际应用能力的人才

产教融合要求教育与产业深度结合，将产业的实际人才需求纳入教

育教学中，使教学内容更加贴近实际生产和市场需求，从而培养出具有实际应用能力的高水平人才。

（二）加强课程设置与产业需求的对接

产教融合要求课程设置与产业需求进行深度对接，并根据产业需求的变化进行调整和优化，以使学生更好地满足产业的人才需求。

（三）推动教育教学模式的创新

产教融合要求高校推动教育教学模式的创新，采用实践导向的教学方式和手段，提高学生的实践能力和创新能力。

二、促进教育与产业的协同发展

产教融合强调促进教育与产业的协同发展，推动教育与产业的深度整合，加强教育与产业之间的合作和交流，最终实现互利共赢。促进教育与产业的协同发展的具体含义如下。

（一）加强合作交流

产教融合要求教育与产业之间加强合作交流，共同探索教育与产业发展的融合模式，以提高教育质量和水平。

（二）推进资源共享

产教融合要求教育与产业之间共享资源，如技术、设备、人才等，最终促进教育与产业的协同发展。

（三）加强风险管理

产教融合要求教育与产业加强风险管理，共同承担风险，以减轻压力，共同提高人才培养质量。

（四）推进创新实践

产教融合要求教育与产业推进创新实践，提高受教育者的实践能力和创新能力，帮助受教育者更好地了解产业需求及其发展趋势，从而更好地适应产业的需求和发展。

（五）加强供需对接

产教融合要求教育与产业之间通过合作，充分发挥各自的优势，进一步加强人才供需对接，解决岗位期望与市场需求不匹配的问题，提高人才培养的实用性和针对性。

三、提升人才的创新能力和实践能力

产教融合强调高校与企业的紧密合作，并利用企业提供的实践机会，提高人才的创新能力和实践能力，从而更好地适应产业的发展需求。提升人才创新能力和实践能力的具体含义如下。

（一）加强实践教育和创新创业教育

产教融合要求高校在密切关注产业需求变化的同时，加强实践教育和创新创业教育，积极鼓励学生参与创新创业项目，培养学生的实践能力和创新能力，从而提高学生的综合素质。

（二）加强合作交流

产教融合要求企业和高校加强合作交流，共同开展科学技术研究和其他创新性工作，提高人才的实际应用能力和创新能力。

（三）加强师资队伍建设

产教融合要求高校加强师资队伍建设，为提高教师的教育教学水平和能力，既要在内部培养专业技能教师，还要从外部引入高水平的具备丰富的产业经验的教师，从而进一步优化教师队伍结构。

四、促进产业结构优化升级

产教融合通过推动企业和高校的密切合作，能够为企业吸引更优质的人才，而人才质量的提高和人才队伍结构的优化，能够不断提高企业的生产效率，进而有利于推动产业结构的优化升级。促进产业结构优化升级的具体含义如下。

（一）推动新兴产业发展

产教融合推动了高校与企业的深度整合，从而推动了人才培养与产业需求的深度对接，人才质量的不断提高又促进了新兴产业的发展。

（二）促进传统产业的升级改造

产教融合加强了高校和企业之间的合作与交流，提高了传统产业的技术水平和产品质量，并推动了传统产业向高端化、智能化、绿色化方向的转型升级。

（三）加强传统产业与新兴产业的融合

产教融合通过推动企业和高校的深度整合，促进了新兴产业与传统产业的融合发展，有利于实现产业结构的优化升级。

第二章　我国高校产教融合的发展历程

高校产教融合在我国经历了一个漫长的发展过程，从一开始的实习合作和共建就业基地到共同研发和知识共享，再到如今的产教融合，均对经济发展和社会进步起到了一定的支撑作用，在不断的创新中一路向前发展。从历史的视角回溯我国高校产教融合的演变历程，有利于准确地把握其内涵与特征。

从中华人民共和国成立初期实行半工半读的培养方式起，我国高校产教融合已经走过半个多世纪，大致经历了半工半读阶段（1949—1977年）、初步探索阶段（1978—1990年）、快速发展阶段（1991—2000年）、转型调整阶段（2001—2010年）及深度融合阶段（2011年至今）。随着高等教育的不断发展，产教融合逐渐成为高校发展的重要方向之一。未来，高校产教融合将迎来新的挑战和机遇，高校需要不断创新，不断与企业加强合作，以为产业发展和社会进步做出更大的贡献。

第一节 半工半读阶段（1949—1977年）

我国高校产教融合的发展历程可以追溯到中华人民共和国成立之初。当时国家百废待兴、百业待举，各项建设均急需大量技术人才，为满足人才需求，国家采取了半工半读的方式培养德智体全面发展的社会主义新型劳动者。半工半读是指学生在学习之余参加一定的社会劳动，从而达到既能获得知识又能增强体质、磨炼意志的目的。

1952年，《政务院关于整顿和发展中等技术教育的指示》指出，“为满足目前国家对技术干部的迫切需要，及时完成为国家培养大量技术干部的任务，现阶段整顿和发展中等技术教育的工作，必须由各级人民政府有关业务部门以及各主要工矿企业和农场，在各级人民政府教育部门的指导协助和统一计划下，大家动手分工合作来共同进行”。1957年2月，毛泽东在《关于正确处理人民内部矛盾的问题》中提出：“我们的教育方针，应该使受教育者在德育、智育、体育几方面都得到发展，成为有社会主义觉悟的、有文化的劳动者。”①1958年，《中共中央 国务院关于教育工作的指示》指出，“党的教育工作方针，是教育为无产阶级的政治服务，教育与生产劳动结合……教育的目的，是培养有社会主义觉悟的有文化的劳动者”。

当时的高校，如北京大学、清华大学、复旦大学等都开展了勤工俭学活动，学生可以在课余时间到校内或校外的商店、工厂、农场等地参加劳动，以锻炼自己的实践能力，增长社会经验。时任清华大学校长蒋南翔先生提出了教学、科研、生产三结合的教育思想，强调要把高校建设成为集教学、生产、科学研究三者于一体的先进基地，重视实践，倡导“真刀真枪”做毕业设计，面向国家战略需求，高瞻远瞩进行学科布局。教学、科研、生产三结合的教学形式，在一定程度上促进了学生的全面发展，使学生在学习知识的同时，通过参与实际生产或科研活动，获得实践经验，提高实践能力，增强综合素质。另外，将教学内容与生产、科研实践相结合，有利于学生更好地理解和掌握知识，从而提高高校教学质量和科研水平。作为教师，在教学、科研、生产三结合的过程中需要不断地更新知识，提高技能，从而提升教学效果，促进自身的职业发展。

① 新时代教育工作的根本方针[EB/OL].(2019-09-16)[2023-07-30]. http://www.moe.gov.cn/jyb_xwfb/moe_2082/zl_2019n/2019_zl69/201909/t20190916_399243.html?eqid=8b371dd600022c8200000003642fd2f0.

第二节　初步探索阶段（1978—1990 年）

改革开放后，高校开始尝试将企业的需求和技术要求纳入教学内容，同时企业也开始为高校提供教学资源，与高校开展科研合作。

1978 年十一届三中全会召开后，我国进入改革开放和社会主义现代化建设新时期，高等教育随之进入革新换代的新阶段。改革开放伊始，党中央、国务院提出“经济建设必须依靠科学技术，科学技术工作必须面向经济建设”的战略方针。1981 年，中共中央下发的 14 号文件中指出：“要鼓励和组织科研机构、高等院校等各方面的科学技术力量，积极支援厂矿企业的技术研究工作。”1982 年 5 月，中央领导在参观部属高校科研成果展览会时指出：“大学可以根据自己的教学实际情况和科研方向，与工厂结合，搞些教学、生产、科研联合体。”① 在此次展览会上展出的 500 余项科研成果中，有近一半的项目是大学与工矿企业、科研单位合作攻关取得的。实践证明，这种联合攻关方式可以促进高校的产学研结合，提高高校的教学质量和科研水平，同时可以帮助企业提高技术水平和竞争力。

在这样的政策引导下，高校尤其是理工类大学与工业生产部门、科研单位合作开展了大量的科学研究工作，并取得了瞩目的科技成果和经济效益。

例如，电子仪表行业一直是天津市的重点产业，该领域属于技术密集型行业，产品的技术性很强。但 20 世纪 80 年代初，该行业企业的基础科研力量较差，技术力量薄弱，致使天津市的电子仪表行业在研发创新上始终没有质的飞跃。1980 年左右，该行业探索了一条新路子，即和大专院校合作，共同进行技术开发。大专院校技术力量较强，测试条件

① 1982 年我校建立第一个科研生产联合体 [EB/OL].（2014-12-17）[2023-07-30]. https://dag.ecust.edu.cn/2014/1217/c6871a46017/page.htm.

完善，每年都源源不断地试制出大批新产品，但它们缺乏生产条件，导致一些新产品无法投产，而电子仪表行业企业的情况恰恰与之相反。双方联手，正好可以取长补短，互相促进，共同发展。

一、聘请专家、教授担任企业的技术顾问

企业聘请专家、教授、讲师、工程师作为技术顾问，他们或为行业指明发展方向，或直接参与新产品的试制工作，或为企业培养技术人才，或对向社会推广新产品发挥了重要作用。

二、承接大专院校、科研单位的研究成果

企业承接大专院校、科研单位的研究成果，是缩短新产品试制周期、加速产品更新换代的一条捷径。这些研究成果技术含量高，多数达到国际先进水平。不断承接试制这些研究成果，为行业发展迅速赶上国内外先进水平提供了帮助。

三、与大专院校、科研单位协作，共同进行新产品开发

企业与大专院校和科研单位协作进行产品开发，能发挥各自的优势，有利于实现取长补短、共同发展的目的。

这种联合体的成立解决了当时国家资源不足，科技人员集中在高校、科研机关而生产经费集中在生产部门的矛盾，有利于发挥人、财、物的集合效应，也有利于解决实际生产中遇到的科技难题，还有利于快速地将科研成果转化为直接生产力，实现教学、科研、生产过程的统一。

教学、科研、生产联合体主要有四类形式。第一类，高校和经济相对发达的城市建立全面合作关系。这些城市的生产企业多急需技术上的帮助，高校通过派技术指导人员、转让科技成果、新产品开发、技术改造等方式，为这些企业提供技术支持，帮助它们提高生产效益，企业则

可以为学生提供实习、培训等机会。第二类，高校和生产企业合办联营厂，由双方共同经营。联营厂直接可以作为教学、科研、生产相结合的基地，大大缩短了科研成果转化为生产力的周期，高校和生产企业均可获得较大的经济效益。第三类，通过校际合作，将相同学科领域的科研力量集中起来与有关产业部门建立联合研究所。例如，1983 年，华东化工学院（现华东理工大学）、浙江大学与中国石油化工总公司一起创建联合化学反应工程研究所，该研究所成立的第一年就进行了四项国家重点攻关项目的研究。第四类，高校和大型企业建立的联合体。这种联合体区别于一般校企联合体，大型企业本身已有较强的研发能力，与高校联合的主要目的在于企业技术人员的继续教育以及员工的委托培养，而高校也可以在联合的过程中推动教学改革，增加办学经费。

改革开放的实施为高校产教融合提供了新的发展机遇，但仍存在与企业合作不够紧密、科技成果转化效率低等问题。

第三节　快速发展阶段（1991—2000 年）

随着改革开放的不断推进，高校产教融合得到了政府的大力支持。高校和企业之间的联系更加紧密，合作的规模和范围也不断扩大，涌现出一批具有代表性的产教融合项目。

1991 年，《国务院关于大力发展职业技术教育的决定》中首次正式出现"产教结合"的表述。该决定是在党的十三届七中全会再次提出要大力发展职业技术教育后颁布的，为此后数年我国职业技术教育的改革与发展指明了方向，但是这并不意味着"产教结合"是职业技术教育的专属。产教结合是教育、政府、产业和行业的多向互动，本科高校更应该进行这方面的探索和实践。

1992 年，国家经济委员会、国家教育委员会和中国科学院推出"产学研联合开发工程”，这是我国第一次在部委层面组织实施产教融合计划，旨在建立企业、大学、科研院所之间的交流合作制度，加速科研成果向生产力的转化。

1993 年，中共中央、国务院印发的《中国教育改革和发展纲要》明确指出：要进一步转变教育思想，改革教学内容和教学方法，克服学校教育不同程度存在的脱离经济建设和社会发展需要的现象；要合理调整系科和专业设置，拓宽专业面，优化课程结构，改革课程内容和教学方法，加强教材建设，注重素质和能力的培养，增强学生对社会需要的适应性。职业学校要走产教结合的路子，更多地利用贷款发展校办产业，增强学校自身发展的能力。各级各类学校都要进一步贯彻教育与生产劳动相结合的方针，采取多种形式促进学校教育与社会的紧密结合。要把劳动教育列入教学计划，逐步做到制度化、系列化。社会各方面要积极为学校进行劳动教育提供场所。

1993 年 7 月，第八届全国人民代表大会常务委员会第二次会议通过《中华人民共和国科学技术进步法》。该法第一章第六条规定：国家鼓励科学技术研究开发与高等教育、产业发展相结合，鼓励学科交叉融合和相互促进。

1995 年 5 月，《中共中央、国务院关于加速科学技术进步的决定》颁布，该决定首次正式提出实施科教兴国战略，引起了国人广泛关注。同年召开的全国科学技术大会也强调要加强科技与教育的结合，促进产教融合，推动科技成果转化为生产力，并鼓励科研院所、高校的科技力量以多种形式进入企业。

中国共产党第十五次全国代表大会提出了新“三步走”战略，其中教育是实现这一战略的重要内容。大会报告强调要加强高等教育改革，推进产教融合，促进高校与企业、地方的合作，要深化科技和教育体制改革，促进科技、教育同经济的结合，有条件的科研机构和大专院校要以不同形式同企业合作，走产学研结合的道路。

进入 20 世纪 90 年代末期，高校开始重视技术创新和知识产权的保护，积极探索产教融合的新模式。在这一背景下，高校与企业的合作不再局限于简单的实习和共建就业基地，而是通过共同研发、技术转移等方式促进技术创新和知识共享。1997 年 10 月，国家教育委员会发出《关于开展产学研合作教育“九五”试点工作的通知》，确定“九五”期间在全国 28 所高校开展产教融合教育的试点工作。这些高校包括北京大学、清华大学、复旦大学、浙江大学等。北京大学积极开展了产教融合教育的试点工作。为加强与地方政府以及产业的科技合作，促进学校学术创新链和地方产业链有效对接，北京大学科技开发部结合学校学科发展需求，聚焦重点产业，与地方政府共建产学研办公室，开展项目精准对接与成果转化工作，努力提高转化效率，促进产业转型升级和创新发展。

第四节　转型调整阶段（2001—2010 年）

进入 21 世纪，高校产教融合面临着新问题和新挑战。随着高等教育大众化的推进，高校更加注重培养应用型人才，与企业的合作也更加紧密和务实。科技发展日新月异，高校开始加强对新兴产业和技术人才的培育，以为社会各界提供更多的人才支持。

这一阶段，高校开始重视自身对经济发展和社会进步的作用，不断探索新的产教融合模式。在此背景下，高校开始加强与政府、社会组织和企业的合作，推动产教融合向纵深发展。这一阶段产教融合的发展重点在于推动人才培养与社会需求的紧密对接，通过培养具有创新能力和实践能力的高素质人才支撑产业的发展。

这一阶段，国家高度重视产教融合的发展，相继出台了一系列政策文件。例如，《国家中长期科学和技术发展规划纲要（2006—2020 年）》

提出，积极支持大学在基础研究、前沿技术研究、社会公益研究等领域的原始创新，鼓励、推动大学与企业和科研院所进行全面合作，加大为国家、区域和行业发展服务的力度。《国家中长期教育改革和发展规划纲要（2010—2020年）》提出，建立以科学与工程技术研究为主导的导师责任制和导师项目资助制，推行产学研联合培养研究生的“双导师制”，实施“研究生教育创新计划”，推进产学研用结合，加快科技成果转化，规范校办产业发展，支持建设一批高等学校产学研基地。

这些政策的出台，为高校产教融合提供了政策保障，且高校与企业的合作得到进一步加强。企业为高校提供教学和实践条件，高校则为企业输送人才和技术，合作关系更加紧密、深入。不仅如此，高校也为企业提供技术支持和创新服务，如高校的科技研究成果应用到实际生产中，能够推动企业的技术进步，进而促进产业的发展。校企合作也为创业者提供了技术支持、资金支持及生产指导帮助，推动了创新创业的蓬勃发展。

例如，上海交通大学和华为在2010年签署了战略合作协议，旨在加强双方在人才培养、技术研发和产教融合等方面的交流与合作。通过该合作，上海交通大学为华为提供人才培训和技术支持，华为则为上海交通大学提供教学和实践条件，促进了人才培养与产业发展的结合。又如，北京大学和阿里巴巴集团在2009年签署了战略合作协议，旨在共同推动产教融合和创新创业发展。通过合作，北京大学为阿里巴巴集团提供人才培训和技术支持，阿里巴巴集团则为北京大学提供教学和实践条件，促进产教融合和创新创业的发展。

这一阶段，虽然高校在产教融合方面取得了很多成绩，但也存在一些不足之处，主要表现在以下几个方面。

一、人才培养与产业需求不匹配

一些高校在产教融合中更注重人才培养，而忽视了产业需求，导致培养的人才无法满足产业需求。另外，企业对人才的需求也在不断变化，高校需要及时进行人才培养方案的调整，以提高人才的适应性。

二、校企合作存在利益分配问题

校企合作必然涉及高校和企业之间的利益分配，如果利益分配不公，可能会导致合作的失败。因此，高校和企业需要建立公正、透明的合作机制，确保双方的利益得到最大化保障。

三、产教融合中的知识产权问题

科研成果和知识产权是高校的重要资产，但在实践中，知识产权的保护和管理存在一些问题。这就需要高校和企业建立健全知识产权保护和管理机制，防止知识产权泄露或者被滥用的情况发生，促进科研成果的转化和利用。

四、创新创业生态系统不完善

高校产教融合还面临创新创业生态系统不完善的问题。创新创业需要一个完整的生态系统，包括政策支持、资金支持、导师指导和市场推广等环节。如果某些环节缺失，将会影响高校产教融合的整体效果。另外，受市场经济体制的影响，产教融合过程中还存在一些体制机制上的障碍。

第五节　深度融合阶段（2011 年至今）

在这一阶段，国家出台了一系列促进高校产教融合的政策。例如，2013 年，《中共中央关于全面深化改革若干重大问题的决定》提出，“加快现代职业教育体系建设，深化产教融合、校企合作，培养高素质劳动者和技能型人才。创新高校人才培养机制，促进高校办出特色争创一流”。

2014年，《国务院关于加快发展现代职业教育的决定》提出，要深化产教融合、校企合作，企业要发挥重要办学主体的作用，强化校企协同育人。这也是“产教融合”在中央文件中的首次出现。在传统的观念中，教书育人往往是学校一家的事，而该决定明确了办职业教育不仅是学校的事，也是企业的事。该决定中还提出，建立健全企业参与职业教育的制度，讨论出台关于促进校企合作办学有关法规和激励政策，鼓励行业和企业举办或参与举办职业教育，发挥企业重要办学主体作用。这里的“企业参与举办职业教育”不仅包括出资兴办学校，还包括参与教育教学过程、参与制订人才培养方案、接受并指导学生实习、输出技术人员进高校讲授实训课等。这种升级版的校企合作能够更有效地解决人才培养的针对性问题和职业教育的出路问题，同时能满足企业的实际用人需求，还有助于协调推进人力资源开发与技术进步，推动教育教学改革与产业转型升级的配套衔接。更重要的是，该决定还把企业的社会责任提到了新的高度，要求规模以上企业要有机构或人员组织实施职工教育培训、对接职业院校，设立学生实习和教师实践岗位。在该政策的推动下，全国范围内已建立起多个集行业、学校和企业于一体的职教集团。

2017年，《国务院办公厅关于深化产教融合的若干意见》提出，由于受体制机制等多种因素的影响，人才培养供给侧和产业需求侧在结构、质量、水平上还不能完全适应，“两张皮”问题依然存在。因此，深化产教融合，促进教育链、人才链与产业链、创新链有机衔接，是推进人力资源供给侧结构性改革的迫切要求，对新形势下全面提高教育质量、扩大就业创业、推进经济转型升级、培育经济发展新动能具有重要意义。同时，逐步提高行业企业参与办学程度，健全多元化办学体制，全面推行校企协同育人，用十年左右时间，教育和产业统筹融合、良性互动的发展格局总体形成，需求导向的人才培养模式健全完善，人才教育供给与产业需求重大结构性矛盾基本解决，职业教育、高等教育对经济发展和产业升级的贡献显著增强。

2019 年，国家和地方进一步加大力度推动产教融合，提出了“深度融合”的要求。在此背景下，高校和企业合作推出了一系列产教融合项目和计划，如产教融合基地。同时，政府也加大了对产教融合的资金支持和政策支持力度，为产教融合提供了更好的政策环境。

2019 年 2 月，《加快推进教育现代化实施方案（2018—2022 年）》出台，提出了推进教育现代化的十项重点任务。其中第三项任务便是深化职业教育产教融合。实现该任务的具体措施包括：构建产业人才培养培训新体系，推动教育教学改革与产业转型升级衔接配套；健全产教融合的办学体制机制，坚持面向市场、服务发展、促进就业的办学方向，优化专业结构设置，大力推进产教融合、校企合作；建立健全职业教育制度标准。

2019 年 4 月，国家发展改革委和教育部印发《建设产教融合型企业实施办法（试行）》。具体内容包括：建设产教融合型企业，按照政府引导、企业自愿、平等择优、先建后认、动态实施的基本原则开展；将建设产教融合型企业纳入深化产教融合改革的整体制度安排，在国家产教融合建设试点中统筹推进；提出产教融合型企业的建设培育条件、认证标准、评价办法，指导各地建立产教融合型企业建设信息服务平台和信息储备库，做好建设产教融合型企业的日常管理工作。

2019 年 10 月，《国家产教融合建设试点实施方案》经中央全面深化改革委员会第九次会议审议通过，提出建设培育若干国家产教融合型企业、“1+X”证书制度、设立实体化运作的行业性产教融合集团（联盟）、校企合作育人等多项政策措施。促进教育链、人才链与产业链、创新链有机衔接，是推动教育优先发展、人才引领发展、产业创新发展、经济高质量发展相互贯通、相互协同、相互促进的战略性措施。

2021年，《国家发展改革委办公厅 教育部办公厅关于印发产教融合型企业和产教融合试点城市名单的通知》明确的国家产教融合试点市（区）包括天津市津南区、辽宁省沈阳市、河北省唐山市、中国（上海）自由贸易区临港新片区、江苏省常州市、浙江省杭州市、浙江省宁波市、安徽省合肥市、福建省泉州市、江西省景德镇市等21个，明确的国家产教融合型企业包括中国核工业集团有限公司、国家电网有限公司、联想集团等63家。

2021年，中共中央办公厅、国务院办公厅印发了《关于推动现代职业教育高质量发展的意见》，其中包括完善产教融合办学体制，构建政府统筹管理、行业企业积极举办、社会力量深度参与的多元办学格局。鼓励上市公司、行业龙头企业举办职业教育，鼓励各类企业依法参与举办职业教育。鼓励职业学校与社会资本合作共建职业教育基础设施、实训基地，共建共享公共实训基地。

2023年，《职业教育产教融合赋能提升行动实施方案（2023—2025年）》发布，指出要坚持以教促产、以产助教，不断延伸教育链、服务产业链、支撑供应链、打造人才链、提升价值链，加快形成产教良性互动、校企优势互补的产教深度融合发展格局，持续优化人力资源供给结构，为全面建设社会主义现代化国家提供强大人力资源支撑。

当前，高校产教融合进入深度融合阶段，需要进一步整合各方资源，强化产教融合工作机制，提高创新效率和质量。高校要更加注重创新创业教育，培养具备创新能力和创业精神的人才，同时企业也要更加积极地参与高校的人才培养和科研创新工作，推动产教融合向纵深发展。

新兴技术和新兴产业的涌现为产教融合的多元化发展带来了新机遇。因此，高校需要加强与产业界的联系，推进产教融合向更深层次发展，并通过提高自身的创新和服务能力，提高人才培养质量，为产教融合发展提供强有力的支持。另外，产教融合主体需要解决一系列新问题，如标准化制度的缺乏、统一标准和规范的缺失等。为此，必须加强评估机制和监督体系的建设，以确保产教融合发展的稳定性和可持续性。

第三章　产教融合相关理论基础

第一节　教育学理论

一、知行合一理论

知行合一理论最早是由中国古代思想家荀子提出的，其核心观点是学习必须与现实情境相联系，这样学生才能真正地掌握知识和技能。这一思想传承到现在，被广泛应用于现代教育的发展中，并成为一种教育理念和教育模式。该理论与产教融合有着密切的关系，产教融合强调将教育与产业相结合，学生在学习的过程中也要参与实践，从而将理论知识与实践运用相结合。

知行合一理论的主要内容：①知，指学习的理论知识，包括学科知识、社会知识、文化知识等；②行，指学习的实践能力，包括动作技能、操作技能、交往技能等；③知行统一，即要将学习的理论知识与实践能力相结合；④实践检验，即通过实践来检验学习的理论知识的正确性和有效性。

代表性案例：中国古代的书院教育、现代职业教育和产教融合。它们都强调要将理论知识与实践能力相结合，学生在学习书本知识的同时，也要进行相关的实践，以将学习的知识进行具体运用，最终更好地掌握知识和技能。

二、教学做合一理论

教学做合一理论是由中国教育家陶行知于 20 世纪 30 年代提出的，

是对知行合一理论的发展。该理论的核心观点是，教育应该把教、学和实践活动结合起来，让学生在实践中学习和掌握知识、技能。教学做合一理论和产教融合之间也有着密切的关系。在产教融合中，学校和企业的合作可以帮助学生在理论和实践之间建立联系，提高他们的就业竞争力。教学做合一理论也强调学与做的结合，即理论与实践的结合，符合产教融合的理念。

教学做合一理论的主要内容：①在实践中学习，即学生需要多实践，以便更好地掌握知识和技能；②知行合一，即学生需要将学到的知识和技能应用到实践中；③个性化教学，即每个学生都有自己的学习特点和需求，教师需要根据学生的不同情况采取不同的教学方法；④团队合作，即学生需要学会与他人合作，共同完成任务。

代表性案例：陶行知创办的育才学校及他的“生活即教育”思想。它们都强调实践和应用在学生学习过程中的重要性。

三、协同教育理论

“协同”一词来自协同学。协同学是由德国著名理论物理学家赫尔曼·哈肯（Hermann Haken）创立的一门系统科学的分支理论，它专门从系统演化角度研究人类社会各子系统在外界物质、能量、信息作用下产生非线性相互作用而形成协同效应的机理与规律。协同教育是协同学在教育领域应用而形成的新的教育理论。协同教育理论认为，人类社会有三大教育系统：家庭教育系统、学校教育系统和社会教育系统。三大教育系统是相对独立的，但也会相互联系与作用。当某一教育系统的要素或信息进入另一教育系统时，与该系统要素相互联系与作用，产生协同效应，影响该教育系统的功能，这种现象称为协同教育。该理论的核心观点是以学生为中心、实践导向、合作学习、反思性学习和多元化评价。该理论强调学生和教师通过共同完成任务，实现双方的成长和发展。在产教融合中，企业可以为高校提供资金支持，高校可以为企业提供人才支持，双方合作得越紧密，越有利于双方的长远发展。这与协同教育理论有异曲同工之处。

协同教育理论的主要内容：①以学生为中心，强调学生的自主学习和探究，发挥学生的主体作用；②实践导向，强调教育要以实践为导向，学生通过实践活动体验知识、掌握技能、发展能力；③合作学习，强调学生之间的互动和合作，并在互动和合作中相互促进、共同成长；④反思性学习，强调学生需要对自己的学习过程进行反思，不断调整自己的学习策略和学习方向；⑤多元化评价，强调多元化的评价方式和评价标准，注重对学生综合素质的评估。

代表性案例：斯坦福大学的协作式学习项目。该项目旨在通过学生之间的协作和互动，培养学生的团队合作能力和领导才能；芝加哥大学的学生中心项目和牛津大学的学生中心项目，则都以学生为中心，强调学生的自主参与和学习，通过提高学生的主动性和创造性提高教育质量。

四、目标管理理论

目标管理理论是由美国管理学家彼得·德鲁克（Peter F.Drucker）提出的。该理论的核心观点是，学习是一个实践和积累经验的过程，而项目管理则是实现学习目标的重要工具。目标管理理论强调通过实际项目的完成来促进学生的学习和成长。产教融合也可以为学生提供真实的项目和实践环境，使学生在实践中学习、创新和思考，因此两者有紧密的联系。

目标管理理论的主要内容：①学习目标明确，即在学习过程中，学生需明确学习目标，以便有针对性地制定学习策略和方法；②实践和经验积累，即学习需要通过实践和经验积累来实现，只有在实践中才能真正理解和掌握知识、技能；③项目化管理，即需要采用项目化管理的方式组织和管理学习过程，包括制订项目计划、确定项目目标、分配任务和资源、监督和控制项目进度和质量等；④学习成果持续改进，即学生需要对学习成果进行反思和总结，以不断提高自己的学习能力和水平。

代表性案例：美国教育领域的项目导向学习模式。该模式强调学生通过参与实际项目，提高他们的综合能力和解决问题的能力。该模式已经被广泛应用于美国中小学教育领域。另外，敏捷开发方法也是目标管理理论的一种实践方式，该方法强调通过快速迭代和不断调整来满足不断变化的需求。

五、情境教学理论

情境学习是由美国加利福尼亚大学伯克利分校的让·莱夫（Jean Lave）教授和独立研究者爱丁纳·温格（Etienne Wenger）于1990年前后提出的一种学习方式。情境学习理论认为，学习是一个社会性、实践性的参与过程，其中差异资源起着中介作用。知识的意义和学习者自身的意识与角色是在互动中生成的，包括学习者和学习情境的互动以及学习者之间的互动。因此，学习情境的创设旨在促进学习者的身份和角色意识、完整的生活经验及认知性任务的回归，从而达到真实、融合的状态，解决传统学校学习中去自我、去情境的问题。该理论的核心观点是，学生的学习效果与教学情境密切相关，只有在真实的、有意义的情境中学习，才能促进学生的深度学习和认知发展。情境教学理论是情境学习理论的延伸，强调在教学过程中引入真实的问题和情境，让学生在情境中学习知识和技能。在产教融合中，企业也可以为教学提供真实的情境和场景，让学生在实践中学习、创新和思考，因此两者也有紧密的联系。

情境教学理论的主要内容：①真实情境，即学习应该发生在真实、有意义的情境中，而不是被限制在教室或其他有限的空间内；②以学生为中心，即学生应该被视为学习的主角，他们的主动参与和创造性思维是实现深度学习的关键；③活动设计，即教学应该设计成一系列有目的的活动，且这些活动应该是有趣、具有挑战性和开放性的，以激发学生的学习兴趣和参与度；④反思性学习，即学生应该在学习过程中不断地反思自己的学习进展和成果，从而促进自我监控和自我调节能力的发展。

代表性案例：美国国家航空航天局的学习空间设计项目，为中小学生提供了一个真实的太空探索情境，学生可以在其中探索天文学、物理学等学科知识；英国学校的学习农场项目，强调让学生亲身参与农业生产，并见证农作物的生长过程，从而促进他们对自然科学知识的理解和应用能力的提高；美国学校的社区服务项目，强调让学生亲身参与社会公益活动，体验服务他人的意义和价值，从而促进他们社会责任感的增强和道德素养的提高。

六、创新教育理论

创新理论的代表人物是奥地利裔美国政治经济学家约瑟夫·熊彼特（Joseph Alois Schumpeter），他被誉为“创新理论”的鼻祖。1912 年，其发表的《经济发展理论》一书，提出了创新及其在经济发展中的作用，轰动了当时的西方经济学界。后来创新理论被应用于教育学领域，形成创新教育理论。该理论的核心观点是，学生只有具备创造性和批判性思维，才能真正实现知识的创新和应用。创新教育理论强调通过激发学生的创新精神和创造力，促进学生的全面发展。产教融合通过促进产业与教育的融合，为学生提供了更多的实践机会，激发了学生的创新思维和创造力，因此两者之间有密不可分的关系。

创新教育理论的主要内容：①以学生为中心，即学生应为学习的中心，他们的主动参与和创造性思维是实现创新的关键；②过程导向，即学习应该以过程为导向，而不是以结果为导向，学生应该在学习过程中不断反思、调整和创新，以实现知识的创新和应用；③支持性和挑战性的学习环境，即教师应该提供具有支持性和挑战性的学习环境，鼓励学生在解决问题的过程中不断尝试和探索，从而实现知识的创新和应用；④跨领域的学习方法，即学习应该跨越学科界限，学生应从不同的角度理解和解决问题，从而实现知识的创新应用。

代表性案例：美国的探究式实验室项目，鼓励学生参与物理、化学和生物实验，并在实践中探索科学原理；英国学校的问题解决课程项目，强调学生要参与实际的问题求解过程，通过合作和交流创新解决问题的方法；德国学校的创造性思维课程项目，鼓励学生参与创造性思维训练，通过想象和创造来解决实际问题，实现知识的创新应用。

七、合作教育理论

“合作教育学”是20世纪80年代后期出现于苏联的一种重要的教育理论。它提倡教育过程中的师生合作，重视学生的学习兴趣、学习能力的培养以及个性的健康发展，主张取消分数，转而以发展学生的认识为目标。由于合作教育学倡导教育的个性化，因而它极大地影响了苏联20世纪80年代后期的教育理论与教育实践的发展。主要代表人物有阿莫纳什维利（Амонашвили）。该理论的核心观点是，学生应该在合作学习中获得更多的参与感和反馈，从而提高他们的学习自信心和学习效果。学校和企业可以合作为学生提供实践机会和培训，以帮助学生更好地满足产业的人才需求。同时，企业也可以为学校提供资源和技术支持，帮助学校更好地开展教育教学工作。这种合作可以帮助学生在理论和实践之间建立联系，提高他们的就业竞争力。

合作教育理论的主要内容：①合作学习，即学生通过与其他学生开展学习合作，分享信息和技能，共同完成任务；②自我评估，即学生需要自我评估学习成果和表现，以便更好地了解自己的学习过程，调整努力方向；③反馈，即教师和其他学生可以提供及时的反馈，帮助学生更清楚地了解他们的学习情况和改进方向；④团队合作，即学生需要学会如何与他人合作，并尊重他们的差异和观点。

代表性案例：美国麻省大学波士顿校区的合作教育计划，以及英国学校的协作课程项目。这些计划和项目都致力于让学生在合作中学习，从而提高他们的学习效果和自信心。

八、实用主义教学理论

实用主义教学理论是由美国教育家约翰·杜威于20世纪30年代提出的。该理论的核心观点是，教育应该关注学生的实际需求和现实生活，帮助学生在理论和实践之间建立联系，让学生在学习中获得实际经验和技能，从而提高他们的就业竞争力。实用主义教学理论强调教育应该注重学生的实际应用能力，符合产教融合的理念。

实用主义教学理论的主要内容：①经验性学习，即学生需要从实际生活中学习知识和技能，以便更好地适应现实生活；②以学生为中心，即教育应该以学生为中心，尊重学生的兴趣和需求，更好地促进他们的学习和成长；③实用性教育，即教育应该注重培养学生的实际应用能力，而不是简单地传授理论知识。

代表性案例：美国麻省理工学院的经验式学习课程，为学生提供参与各种实际项目和实验的机会，培养学生的实际应用能力；英国学校的问题解决课程，注重培养学生的实际应用能力，鼓励学生通过解决真实的问题来学习；微软公司的明日之星计划，通过向学生提供实践机会和培训，帮助他们更好地适应产业需求，提高就业竞争力。

九、职业教育理论

谈到职业教育，就不得不提到黄炎培。他是我国近代职业教育的奠基人。通过长期的教育实践，黄炎培于20世纪20年代总结出了自成体系的职业教育思想——大职业教育主义。大职业教育主义思想，成为当时及日后职业教育发展的指导思想。在黄炎培看来，职业教育是用教育方法，使人人依其个性，获得生活的供给与乐趣，同时尽其对群体的义务。而职业教育的目的有四个：一为谋个性之发展，二为个人谋生之准备，三为个人服务社会之准备，四为国家及世界增进生产力之准备。职业教育理论的核心观点是，职业教育应该注重培养学生的实际能力和技能，以更好地满足职业市场需求。职业教育理论强调教育应该注重学生的实际应用能力，这也符合产教融合的理念。

职业教育理论的主要内容：①实践性学习，即学生需要在实践中学习知识和技能；②个性化教学，即需根据学生的特点和需求进行教学，帮助学生更好地掌握知识和技能；③实用性教育，即教育应该注重培养学生的实际应用能力，而不是简单地传授理论知识。

代表性案例：德国学校的学徒制教育模式，注重培养学生的实际能力和技能；美国学校的职业导航课程，注重为学生提供职业规划和就业指导，帮助他们更好地了解自己的职业兴趣和能力；日本学校的职业体验日，为学生提供参观各种职业场所的机会，帮助学生了解不同职业的要求和特点，以便他们更好地规划自己的职业生涯；中国大学的创新创业教育，注重培养学生的创新能力和实践能力，鼓励学生通过创业来解决实际问题；瑞典学校的创业课程，教授学生如何创建和管理自己的企业，鼓励他们尝试新的创业方式。

第二节　经济学理论

一、创新经济学理论

创新是一个非常宽泛的概念，适用于很多领域。在经济学领域，熊彼特最先提出了创新的基本概念，形成了最初的创新理论。1939 年和

1942年，熊彼特分别出版了《经济周期》《资本主义、社会主义和民主主义》两部专著，对创新理论加以补充和完善，逐渐形成了以创新理论为基础的独特的创新经济学理论体系。该理论的核心观点是，经济发展的核心不仅是提高生产效率，更是不断创新和发明。创新经济学理论强调通过技术创新和产业升级推动经济发展。产教融合能够促进产业和教育的创新发展，促进产业升级的质量和效率，推动经济的可持续发展。

创新经济学理论的主要内容：①创新的重要性，即创新是经济发展的关键，还可以带来新的产品和服务，提高生产力和竞争力；②创新的类型，即创新可以分为产品创新、过程创新和制度创新等不同类型，每种类型对经济发展的贡献不同；③创新的机制，即创新的机制包括市场机制、政府机制和社会机制等，它们对创新的影响不同；④创新的风险和收益，即创新可能会带来高风险和高回报，因此政府和企业需要采取措施来减少风险，提高回报率。

代表性案例：苹果公司的iPhone、特斯拉公司的电动汽车等。这些产品都是基于创新的技术和设计理念产生的，并在业界具有较大的影响力。

二、人力资本理论

人力资本理论是由美国著名经济学家西奥多·威廉·舒尔茨（Theodore W. Schultz）于20世纪50年代提出的。该理论的核心观点是，人力资本是经济增长的关键，它包括人类的知识、技能和经验等非物质资本，对经济的贡献不亚于物质资本。人力资本理论强调对人力资本的投资和开发，并认为教育是人力资本投资的重要手段。开展产教融合，有利于学校从企业获得经济和技术上的支持，从而提高人才培养质量，以及教育的经济收益，而人力资本理论正为此提供了依据。

人力资本理论的主要内容：①人力资本的重要性，即人力资本是经济增长的关键，它可以带来新的知识和技能，提高生产力和竞争力；②人力资本的表现形式，即人力资本可以通过教育和培训等方式获得，它的形式包括知识、技能和经验等非物质资本；③人力资本的积累和投资，即政府和企业需要采取措施，如提高教育补贴、鼓励员工继续学习等促进人力资本的积累；④人力资本的评价和计量，即人力资本需要被评价和计量，以更好地评估它的贡献和价值。

代表性案例：谷歌和微软等科技巨头公司，注重对员工的培训和开发，鼓励员工不断学习和创新，从而为公司的发展贡献人力资本价值。谷歌的“20%时间”政策，鼓励员工在工作中使用20%的时间从事自己感兴趣的项目和研究，从而提高员工的创新能力和生产力。微软的“人类因素”战略，将人力资本视为公司最重要的资源之一，并致力于提高员工的幸福感和工作效率。

三、产业转型理论

从宏观上讲，产业转型是指一个国家或地区在一定历史时期内，根据国际和国内经济、科技等的发展现状和趋势，通过特定的产业、财政等政策措施，对其现存产业结构的各个方面进行直接或间接的调整。产业转型理论是对产业演进过程中产业结构升级和技术进步的一种阐述。其理论基础可以追溯到熊彼特的“创新理论”。该理论的主要发展者是美国经济学家迈克尔·波特（Michael Porter），他在20世纪80年代提出了“五力模型”“价值链分析”等概念，对产业转型理论的发展作出了重要贡献。该理论的核心观点是，经济发展需要不断进行产业升级和转型，以适应市场需求的变化和技术的进步。产业升级和转型是经济增长和发展的重要动力，也是国家竞争力的重要因素之一，需要政府、企业和市场共同参与，并制定相应的政策和措施来促进产业升级和转型。产教融合通过促进产业与教育的融合，也可以推动产业的转型升级，促进经济的发展和升级，两者有密切的联系。

产业转型理论的主要内容：①产业升级，即企业或行业通过技术创新、管理创新等方式，不断提高生产效率和质量，以适应消费者需求变化和提高市场竞争力；②产业转型，即企业或行业从传统产业向新兴产业转移或转变，以应对市场需求的变化和技术进步的挑战。

代表性案例：美国硅谷是全球科技创新的中心之一，其通过产业升级和转型不断推出新的产品和服务，来适应市场需求和变化；日本汽车业在面临国际市场的竞争压力时，进行了大规模的产业升级和转型，主要是从传统的汽车制造向高端汽车制造转变，以提高产品的竞争力和技术含量；德国提出了“工业 4.0”战略，旨在推动产业升级和转型，通过数字化、网络化和智能化等方式，提高生产效率和质量。

四、内生增长理论

内生增长理论是美国经济学家保罗·罗默（Paul M. Romer）提出的。该理论认为，经济增长是由内生因素而不是外部因素驱动的。经济增长是由技术进步和人力资本的积累共同推动的，区域发展的核心是人力资本的积累和技术进步，这为产业与教育的合作提供了强有力的依据。

内生增长理论的主要内容：①人力资本对经济增长的贡献，即人力资本（人们所掌握的知识、技能和经验）是推动经济增长的重要因素之一；②技术进步对经济增长的贡献，即技术进步（科学技术的不断创新和应用）是推动经济增长的重要因素之一；③创新对经济增长的贡献，即在生产、分配、交换和消费等环节中，通过引入新的思想、方法、产品或服务等，可以提高生产效率和经济效益；④制度对经济增长的影响，即制度（政治制度、经济制度、文化制度等）对经济发展起着重要作用；⑤国际贸易对经济增长的影响，即国际贸易可以促进资源配置优化，提高生产效率和经济效益。

代表性案例：日本和韩国在20世纪中期到80年代，通过不断地投资于人力资本、技术进步和创新，实现了经济的快速增长。

五、区域发展理论

区域发展理论的核心观点是，在经济发展过程中，不同地区之间的差异是由自然条件、历史文化、政治制度等因素造成的，而这些因素又会影响不同地区的经济发展水平。因此，要实现区域协调发展，就必须从这些方面入手，采取相应的政策措施。区域发展战略强调通过区域资源的整合和优化来推动经济发展，与产教融合有很多相通之处，产教融合提供的人才和教育资源支持，也有利于促进经济发展。

区域发展理论的主要内容：①区域经济发展的差异性，即不同地区之间的经济发展水平存在差异，这些差异是由各种因素造成的；②区域经济发展的相互依存性，即不同地区之间的经济发展是相互依存的，一个地区的经济发展会影响其他地区；③区域经济发展的协调性，即不同地区之间的经济发展需要协调，以实现整体经济的协调发展；④区域经济发展的可持续性，即不同地区之间的经济发展需要考虑可持续性，以保证长期稳定的发展。

代表性案例：中国的“西部大开发”“振兴东北老工业基地”“中部崛起”等战略，以及欧盟的“欧盟共同市场”、美国的“新墨西哥州计划”等。

第三节　管理学理论

一、协同管理理论

协同管理是指将有限力量为完成某项工作和项目而进行的合理安排

和组合。协同管理理论包括建立信任和支持、促进沟通、鼓励创新等环节，核心观点是，通过促进团队成员之间的协作和互动，提高团队的生产效率。协同管理理论强调团队协作和协作效率的提高，通过共同完成任务来实现团队的目标。产教融合可以通过产业和教育之间的协同合作，实现资源和信息的共享，提高团队的效率和协作能力。

协同管理理论的主要内容：①团队结构，即团队结构是影响团队生产力的重要因素，应该与团队的目标和需求相契合；②团队角色，即不同的团队成员有不同的角色和职责，需要明确各自的职责和权利；③团队文化，即团队文化对团队生产力有重要影响，团队需要营造一种积极的工作氛围和文化。

代表性案例：美国航空航天局的阿波罗计划是一个庞大的太空探索计划，涉及众多的科学家和工程师，该计划的管理者运用协同管理理论组织这些人员，并促进了他们之间的合作和创新；谷歌的开放式工作环境，鼓励团队成员之间进行自由交流和合作，这种环境促进并保持了谷歌在科技创新方面的优势。

二、创新管理理论

创新管理理论强调通过创新推动企业的发展，核心观点是企业需要通过不断创新，获取竞争优势，保持领先地位。产教融合可以促进产业和教育的创新和发展，为企业的创新提供支持和保障，两者有密切的联系。

创新管理理论的主要内容：①创新是企业生存和发展的关键，即只有通过不断的创新，企业才能够在市场上获得竞争优势并保持领先地位；②创新需要有明确的目标和计划，即企业需要制定明确的创新目标，并制订相应的计划来实现这些目标；③创新需要投入足够的资源，即企业需要投入足够的人力、物力和财力来支持创新，并且需要重视创新过程中的每个环节；④创新需要不断地学习和改进，即企业需要不断地改进和创新自己的产品与服务，以适应市场需求的变化。

代表性案例：苹果、谷歌和微软等公司。这些公司通过不断的创新，成为行业领导者，并在市场上一直保持着强大的竞争力。

三、竞争战略理论

竞争战略理论是由美国学者迈克尔·波特于20世纪80年代提出的。该理论的核心观点是，企业需要通过制定和实施长期的战略计划来获得竞争优势并保持领先地位。该理论强调企业制订和实施战略，以实现企业的发展和目标。产教融合可以为企业提供人才和教育资源的支持与保障，从而增强企业的竞争优势，这与该理论的一些观点不谋而合。

竞争战略理论的主要内容：①竞争是企业成功的关键，即企业需要制订长期的战略计划，以适应市场的变化，并保持持续竞争力；②战略计划需要考虑企业的资源和能力，即企业需要评估自身的资源和能力，并制订利用这些资源实现自己目标的战略计划；③战略计划需要考虑行业和市场趋势，企业需要了解所处的行业和市场趋势，并根据这些信息来制订适合自己的战略计划；④战略计划需要不断调整和改进，即企业需要不断根据市场的变化，评估和调整自己的战略计划，以保持竞争力和行业领先地位。

代表性案例：可口可乐、耐克和苹果等公司。这些公司通过制订长期的战略计划，并在实施过程中不断调整和改进，在市场上保持了强大的竞争力。

四、组织管理理论

组织管理理论是研究管理组织的结构、职能和原则的理论，产生于19世纪末20世纪初。前期的主要代表人物是亨利·法约尔（Henri

Fayol）、马克斯·韦伯（Max Weber）等，后期的主要代表人物是林德尔·厄威克（Lyndall F. Urwick）等。组织管理理论认为，组织是管理职能的一个要素，线性组织是一切组织共有的组织形态，组织效率取决于内在因素。该理论的核心观点是，企业需要通过有效的组织结构和管理体系，来提高工作效率和管理效率。产教融合也可以为企业提供更加高效和灵活的组织结构，提高组织的效率和效益。

组织管理理论的主要内容：①组织结构需要适应市场需求，即企业需要根据市场需求设计组织结构，以提高工作效率；②管理流程需要高效和有效，即企业需要制定高效的管理流程，以提高管理效率；③管理角色需要明确，即企业需要明确各个管理角色的职责和作用，以确保管理工作顺利进行；④管理文化需要积极向上，即企业需要建立积极向上的管理文化，以提高员工的工作积极性和创造性。

代表性案例：通用电气、沃尔玛和福特等公司。这些公司通过优化组织结构和管理流程，在市场上保持了强大的竞争力。

第四节　心理学理论

一、社会认同理论

社会认同理论是由亨利·塔菲尔（Henri Tajfel）和他的弟子约翰·特纳（John C .T urner）等创立并发展起来的。该理论认为个体通过社会分类，对自己所属群体产生认同，并产生内群体偏好和外群体偏见。该理论的核心观点是，人们会根据所处的社会群体来定义自己的身份和价值观，强调个体对群体的认同感和归属感，认为个体的行为和态度会受到群体的影响。

社会认同理论的主要内容：①社会认同是人类行为的一个重要方面，

即人类会通过社会认同来确定自己的身份和价值观，并且会为了维护这些身份和价值观采取行动；②社会认同可以通过多种方式来实现，即人们可以通过加入某个群体或组织来实现社会认同，也可以通过参与某种活动或信仰来实现社会认同；③社会认同会影响人们的行为和决策，即人们会根据自己所处的社会群体做出相应的行为和决策，并且会为了维护这些行为和决策而付出努力。

代表性案例：美国黑人运动。该运动为维护黑人和社会的正义付出了极大的努力，体现了社会认同理论。

社会认同理论对产教融合主体的影响主要表现在以下几个方面。

（一）提高参与产教融合的积极性

社会认同理论认为，人们对于自己所属群体会产生归属感和认同感，这种感受会直接影响其对该群体的投入和积极性。如果注重培养产教融合主体的归属感和认同感，就能够激发其内在的动力和热情，提高其参与产教融合的积极性。

（二）提高工作质量和效率

社会认同理论认为，人们对自己所属群体会产生集体认同感和集体自尊，这种感受会直接影响其对该群体的投入和积极性。如果注重培养产教融合主体的集体认同感和集体自尊，就能够增强其对产教融合的认同感和投入，从而提高其工作质量和效率。

（三）促进职业发展和个人成长

社会认同理论认为，人们对自己所属群体会产生职业发展和个人成长的需求和期望，这种需求和期望会直接影响其对该群体的投入和积极性。如果注重增强产教融合主体的认同感和投入度，就能够促进其职业发展和个人成长。

二、自我效能感理论

自我效能感理论是由美国心理学家马丁·塞利格曼（Martin E. P. Seligman）提出的。该理论的核心观点是，人们通过自我效能感来判断自己的能力和价值，并且会根据这种判断来决定自己的行为和决策。自我效能感理论强调个体对自身能力的信任和信心，认为个体的成就和行为受到自我效能感的影响。

自我效能感理论的主要内容：①自我效能感对人们的行为和决策会产生重要影响，人们会根据自我效能感来判断自己的能力和价值，并且会根据自己的判断来决定自己的行为和决策；②自我效能感可以通过多种方式来建立，如可以通过成功的经验建立自我效能感，也可以通过参与具有挑战性的任务和活动建立自我效能感。

代表性案例：体坛名将奥克萨娜·亚历山德罗芙娜·丘索维金娜（Oksana Aleksandrovna Chusovitina）的传奇运动经历，以及著名音乐家路德维希·凡·贝多芬（Ludwig van Beethoven）的音乐之路等，都是通过建立良好的自我效能感来促进自我的发展和成功的。

自我效能感理论对产教融合主体的影响主要表现在以下两个方面。

（一）增强自信心和自我认同感

自我效能感理论认为，人们对自己的能力和完成任务的信心程度会影响其工作表现和自我认同。如果提供良好的合作环境和发展机会，同时注重培养产教融合主体的能力，就能够增强其自我效能感，从而提高其自信心和自我认同感。

（二）增强创新能力和创造力

自我效能感理论认为，高自我效能感的人会更加注重创新和创造，因为他们寻求的是对自己和社会的价值和意义。如果能够鼓励产教融合主体进行创新和创造，就能够更好地激发其内在动力和热情，从而增强其创新能力和创造力。

三、人类动机理论

美国知名社会心理学家亚伯拉罕·马斯洛（Abraham H. Maslow）于20世纪40年代提出人类动机理论。该理论的核心观点是，人们的行为和决策会受到内在动机的影响，而内在动机又可以通过多种方式来激发和维持。动机理论强调个体的动机和驱动力，认为个体的行为和成就受到动机的影响。

人类动机理论的主要内容：①内在动机是人们行为和决策的重要影响因素，即内在动机（人们对某项活动的兴趣、好奇心、探索欲等）可以帮助人们维持持续的推动力；②内在动机可以通过多种方式来激发和维持，如人们可以通过参与具有挑战性的任务和活动来激发内在动机，也可以通过获得奖励或认可来维持内在动机；③外部动机也可以对人们的行为和决策产生影响，外部动机（人们为获得奖励或避免惩罚而产生的行为）可以帮助人们维持或减弱自己的动机；④内在动机和外部动机可以相互结合，即人们可以通过将内在动机和外部动机相结合，来增强自己的积极性和创造性。

人类动机理论对产教融合主体的影响主要表现在以下几个方面。

（一）激发积极性和主动性

人类动机理论认为，动机是由内在因素（如需要、兴趣、价值观等）

和外在因素（如奖励、惩罚、社会认可等）共同作用形成的。如果能够满足产教融合主体内在的需求和兴趣，同时给予适当的外在奖励和认可，就能够有效地激发其积极性和主动性。

（二）促进职业发展

人类动机理论认为，人们的工作动机不仅取决于自身的需求和兴趣，还受到工作环境和职业发展机会的影响。如果为产教融合主体提供良好的合作环境和有利的发展政策，就能促进其职业发展。

（三）增强创新能力和创造力

人类动机理论认为，高动机水平的人会更加注重创新和创造，因为他们寻求的是对自己和社会的价值和意义。如果鼓励产教融合主体进行创新和创造，就能够更好地激发其内在动力和热情，从而增强其创新能力和创造力。

四、发展心理学理论

美国心理学家哈里·霍林沃思（H.L. Hollingworth）最先提出要追求人的心理发展全貌，而不是满足于孤立地研究儿童心理，并于 1927 年出版了《发展心理学概论》一书，这是世界上第一部发展心理学著作。该理论的核心观点是，人类的心理和行为会随着年龄和经验的增长而发生变化，并且这些变化是一个逐渐递进的过程。发展心理学理论强调个体在不同发展阶段的需求和要求，认为个体的成长和发展受到环境因素的促进和影响。

发展心理学理论的主要内容：①婴儿期（0—3 岁）儿童的主要任务是建立对世界的感知和认识，并且开始学习基本的行为和交流技能；②幼儿期（4—6 岁）儿童开始形成自我意识和社交能力，并且开始学习语言和认知技能；③儿童期（7—12 岁）儿童的认知能力、社会交往能力和自我控制能力都得到了进一步发展，并且开始形成对外部世界的初步认识；④青少年期（13—18 岁）是青少年身心发展的重要时期，并且他们开始形成自我认同和性别意识，开始面临更多的社会和文化压力；⑤成年期（19—65 岁）是一个人生活的主要阶段，人们开始面临更多的职业和家庭责任，并且开始形成自己的生活方式和价值观念；⑥成熟期（65 岁以上）是人类生命的最后一个阶段，人们开始面临更多的健康问题和生活挑战，并且开始重新评估自己的人生目标和价值观念。

代表性案例：婴儿期如“小猴子试验”和“婴儿语言发展研究”，幼儿期如“幼儿园实验”和“幼儿游戏研究”，儿童期如“小学生行为研究”和“儿童道德判断研究”，青少年如“青少年犯罪研究”和“青少年健康调查”，成年期如“职业决策研究”和“中年人健康研究”，成熟期如“老年人生活质量研究”和“老年人社交关系研究”。

发展心理学理论对产教融合主体的影响主要表现在以下两个方面。

（一）促进个人成长和发展

发展心理学理论认为，人的成长是一个长期的过程，需要不断地接受新的挑战和经历。如果为产教融合主体提供丰富的学习和实践机会，就能激发其内在动力和热情，促进其个人成长和发展。

（二）提升社会价值和影响力

发展心理学理论认为，人的社会化进程是一个逐渐递进的过程，需要不断地接受社会规范和文化的影响。如果注重培养产教融合主体的社会意识和社会责任感，就能够更好地融入社会，提升自身的社会价值和影响力。

第四章　高校产教融合中的关键问题研究

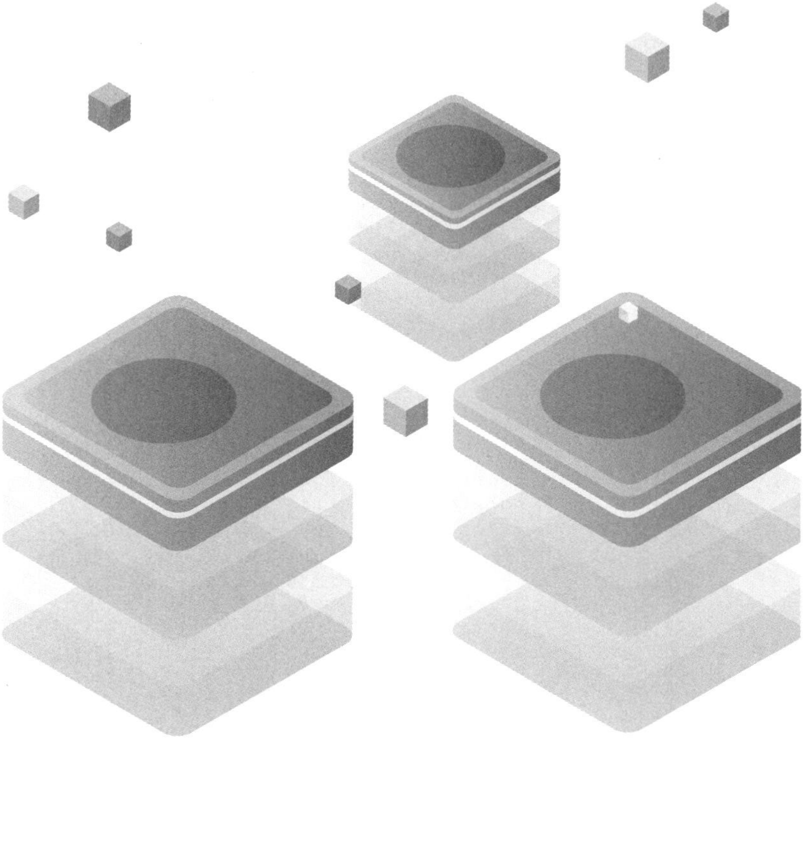

第一节 人才培养问题

高校产教融合中的人才培养问题，需要从加强与产业界的联系、调整课程设置和教学内容、加强职业技能培训等多个方面进行综合考虑，以提高学生的实践能力、创新能力和职业素养。一方面，通过产教融合，高校培养的人才需要具备更加前沿的知识和实用的技能，能够适应产业快速发展的变化和需求，而这需要高校加强与产业界的联系，了解产业的发展趋势和需求，及时调整课程设置和教学内容，提高学生的实践能力和创新能力。另一方面，高校需要加强对学生职业素养和职业精神的培养，帮助学生树立正确的职业规划和就业观念，增强他们的职业意识和职业能力，为未来的职业发展做好准备。

一、高校产教融合背景下人才培养的重要性

（一）人才培养是高校的核心使命

高校是培养人才的重要场所，其核心使命就在于通过教学、科研等多种方式，为社会培养各类人才，包括学术人才、技术人才和管理人才等，进而为社会和国家的发展做出重要贡献。高校的核心竞争力在于其人才培养能力，因此，高校只有不断提高人才培养质量，才能提高自身的教学科研水平，培养出更多的优秀人才，从而提高自身的竞争力。此外，高校肩负的社会责任也要求其承担起培养人才的责任，为社会输送更多高素质人才，推动国家和社会的发展。在产教融合背景下，高校更

需要与产业界紧密联系起来，促进人才培养与产业发展的有机结合。

（二）产教融合促进人才培养的创新

高校与产业界的深度合作，有利于实现资源共享、优势互补，推动人才培养的创新。通过产教融合，产业界的实际需求能够直接作用于人才培养的方案中，有利于高校培养的人才更加符合市场需求，更具竞争力。高校可以借鉴产业界的经验和技术，开展实践教学，培养满足产业需求的人才。

产教融合可以促进企业将自己的实践经验和技术知识传递给高校，帮助高校更好地了解市场需求和行业趋势，进而调整教学内容和方法，提高教学质量，促进人才培养的实用性和创新性。产教融合也可以促进人才培养的实践性和个性化。与企业的合作，使学生能够获得更多的实践机会，增强他们的操作能力。同时，企业可以根据学生的兴趣和特长，为他们提供个性化的实践项目和职业规划，帮助学生更好地挖掘和发挥自己的潜力。产教融合还可以促进人才培养的国际化。高校可以与国外企业合作，开展跨国合作项目和交流活动，为学生提供接触国际化教学和实践环境的机会，拓宽学生的国际化视野，提高学生的就业竞争力。总之，产教融合为创新提供了更多的机会和平台，使得人才培养更具创新性和前瞻性。

（三）产教融合促进人才培养质量的提升

产教融合可以促进高校与产业界的深度合作，从而提升人才培养的质量。通过与产业界的紧密合作，高校可以借助其资源和技术优化人才培养方案和课程设置，以更好地满足市场需求和提高人才的竞争力。产教融合还可以实现“订单式”培养方式，使学生更易就业且就业满意度更高。此外，产教融合能够促进教师与企业专家的交流与合作，从而提高教师的实践能力和教学水平，并为教师提供更多的学习机会和职业发展空间。高校可以邀请企业专家和技术人员来校授课和指导学生，提高师资队伍的水平和教学质量；也可以将实践项目纳入教学评估体系，从而更加客观地评估学生的实践能力和综合素质，增强教学效果评估的科学性、全面性。通过产教融合，学生可以接触到不同领域与行业的知识和技术，从而提高自身的综合素质和综合能力。

二、高校产教融合过程中人才培养存在的问题

（一）人才培养层次的缺位

目前企业最需要的是中层以下的管理者。然而，本科层次院校的管理课程过于注重管理理论和战略管理的教授，而忽略了对企业日常运营流程的详细讲解，使得学生进入企业后对各种管理活动感到陌生，难以迅速满足企业的实际需求。甚至一些企业需要花费额外精力对新招聘的毕业生进行二次培训，才让他们上岗从事实际工作，导致大量资源浪费。此外，个别专业的培养目标定位较为模糊，缺乏准确性和层次性，通常只将培养目标定位为培养既具备专业知识又具备专业能力的人才，而未明确如何结合个人意愿和实际情况分层次地实现这一目标。因此，高校往往无法确定是要培养应用型一线员工、基层管理人员还是高校的研究型人才。由于学生个体存在差异，如果全部按照一个目标进行培养，则无法体现人才培养的层次性，容易导致人才培养过程中“重理论轻实践”的现象。

（二）人才培养目标存在偏差

随着我国社会的不断发展和经济模式的转变，越来越多的中小企业

应运而生。这些企业需要具备操作能力和创新思维的人才，然而一些高校仍然停留在理论教学层面，对这方面的重视还不够，未能按照市场需求提供具有较强实践能力的人才。

为了解决这一问题，高校应该从自身出发，结合社会对人才的基本需求，制定合理的应用型人才培养目标。特别是经济类和管理类专业，更要扭转过于注重理论教学的局面，提高学生的实际工作能力，以使学生能够更好地适应我国经济社会的发展和变化。

然而，一些地方高校在转型过程中未能明确自身的定位，有些将自己定位为研究型大学，将培养学术型人才定为自己的培养目标，却没有相匹配的教学软硬件，导致它们在发展过程中遇到困难却无法解决。还有一部分地方高校虽然将自己明确定位为应用型大学，但实际上却在沿用传统本科教育的思路和方法，以学科体系为基础规划二级学院、分院及专业的布局，最终导致传统本科教育客观存在的学科跨度较小、专业之间界限模糊等问题，使培养的人才无法与新形势下用人单位对跨学科、跨专业的复合型人才需求相契合。还有一些地方本科院校以所谓的“热门”为噱头设置专业，但这种“热门”只体现在人才培养计划上，实际的人才培养目标、课程设置等依然是依照“老方”，或者一味参考一流高校的研究型人才培养模式，没有真正系统地思考符合学校办学定位的长远建设规划。

以上培养人才的整体设想和具体方案，与应有的按照未来职业和实际岗位需求为坐标设置专业结构和培养方案的理想状态相差甚远，甚至存在矛盾，这是学生职业素质较低、就业渠道不畅、用人单位满意度低的主要原因。

（三）教学体系不完善、课程设置不科学

要达到培养创新型人才、应用型人才的目的，必须完善课程体系和

人才培养模式，这是培养高质量人才的基础。然而，当前我国应用型本科高校的课程体系存在较多问题，如过于强调学科体系，注重专业知识的系统性和完整性等，未能体现“应用型”的特点。因此，只有对基础知识积累、人才成长、综合知识结构等进行更全面的认识，才能推动人才培养模式改革。

课程体系建设过程中缺乏动态调整机制，部分高校的课程设置和教材选用等，未能及时跟上学科发展前沿进行动态更新。一些高校的课程体系未能足够重视对学生综合素质的培养，特别是创新和创业意识的培养。现代企业不仅需要大学生具备丰富的专业知识和合理的知识结构，也非常注重大学生团队合作、科学精神、人文素养等方面的素质。因此，培养学生的创新和创业意识及其能力，对于增强学生就业能力和获得良好的职业发展至关重要。

为培养学生的创新和创业意识及其能力，应用型本科教育的课程体系需要更加注重提高学生的综合素质与能力，依托学科特点和专业发展的课外教学环节也需要更加丰富和多样化，以提高学生的专业意趣和培养质量。在培养创新型人才的过程中，要坚持基础知识和专业知识同时培养的原则，但在不同阶段要有侧重。例如，刚入学的新生应更加注重基础知识的积累，而高年级学生则应更加注重专业知识的学习。同时，需要加强对创新型人才成长规律的研究，并注重与中等教育有机衔接，避免将专业知识学习和基础知识学习割裂开来。但是一些高校采取分阶段的方式进行基础知识的讲授，在专业知识的渗透方面又存在不足，这种人为地将基础学习和专业学习截然分开的方式，会导致学生心理上的不适应。

另外，在高校产教融合过程中，产业界对人才的需求与高校的人才培养目标存在差异，导致人才培养与产业需求脱节。因此，高校需要更加紧密地与产业界联系起来，了解产业需求，调整人才培养目标和方案，提高人才培养的针对性和实效性。

（四）教学体系陈旧，课程设置不能紧跟需求

创新型人才的培养需要教师发挥重要作用。教师的教学观念和授课方式直接影响学生的知识掌握和能力提升，但是一些高校教师的教学理念比较传统，未适应综合化知识结构的要求。此外，在高等教育普及化的背景下，大班制导致教师难以照顾到所有学生的个性发展。

在课堂教学中，教师作为知识的传授者和教学的设计者及组织者，应最大限度地引导学生参与教学过程，创造获取知识的条件，调动学生的学习积极性，尊重学生的主体地位，提高教学质量。然而，现实中还是有一些高校教师的教学观念较陈旧，关注点放在了教材上，教学方法以讲授法为主，虽然补充了讨论法、专题学习法等新教学方法，但形式大于内容，实质还是传统的“填鸭式”“输入式”教学，启发式教学并没有真正实行，教师给予学生的仍旧是照搬照抄的知识，并没有激发创新意识的元素。

为改变这种情况，高校教师需要不断更新教学理念，采用多种教学方法，实行启发式教学，提高学生学习的主动性和创造性，从而更好地培养创新型人才。教师教学观念的更新和教学能力的提升迫在眉睫。教师需要更加注重学生的主体地位，充分尊重学生的个性差异，创造更多让学生参与到课堂中来的机会，从而更好地培养学生的创新能力。

在高校产教融合的过程中，产业界与高校之间的联系不够紧密，导致人才培养与产业需求的脱节。其中一个原因是创新创业教育的缺失，高校的创新创业教育培养理念滞后且未能与专业教育紧密结合，缺乏实践环节。此外，教师本身实施创新创业教育的素养和能力也未得到全面培养。因此，高校需要加强创新创业教育，培养具有创新精神和创业能力的人才，以为产业发展提供有力支撑。只有加强产教融合、提高教师

的创新创业教育水平以及加强学生的实践能力培养，才能更好地实现人才培养与创新创业的结合，为社会经济发展做出更大贡献。

（五）产教融合形式大于内容

企业与高校之间缺乏深度沟通和合作，成为制约人才培养模式转变的重要因素。高等教育机构需要加强与企业的合作，以将理论知识与实践相结合，培养符合产业需求的人才。人才培养应以市场为导向，即市场需要什么人才，高校应着力培养什么人才。

当前，高校和企业之间没有形成良好的沟通和合作机制，高校按照自己的方式培养人才，且企业也未及时与高校进行信息沟通和合作，更没有参与高校人才培养的活动，导致企业越来越觉得招聘不到优秀的人才，这成为制约企业发展的重要因素。一些应用型高校对产教融合不够重视，没有成立负责产教融合事宜的部门，已有相关管理又不够科学、严格，导致校企互动未能真正落到实处。企业由于高校没有很好地开展产教融合活动，加之自身的原因，积极性也不高，因此难以形成互动双赢的局面。

另外一些地方本科高校的科研实力较弱，科研力量不足，获得纵向、横向课题的机会少，导致这些高校直接应用于区域行业企业的科研成果较少，很难获得企业的信任和真金白银的投入，最终导致校企合作流于表面。尽管一些高校与多家企业签订了协议并建立了校企合作平台，但是学生的实践参与度并不高，与专业对口的实习机会更是有限，甚至存在学生参观厂区、生产线的初级形式，这导致学生无法通过校外实习有效地提升解决专业问题的能力。

企业往往从自身利益出发，缺乏参与校企联合育人的积极性和主动性，这也是产教融合最终效果甚微的主要原因。多数地方政府尚未建立和完善校企合作、产教融合的相关制度与机制，相关部门也没有充分发挥高校与行业企业之间的桥梁作用，不能切实提高企业参与合作办学、合作育人的积极性，结果不仅使校企合作停留在表面，更直接影响了院校人才培养的质量。

目前，我国高校的多数专业没有真正落实有关产教融合的实践教学工作，实践性教学的作用没有得到充分发挥，主要体现为以下四点。

1.实践教学管理体制不健全

一些高校在设计实践教学活动时，没有充分认识到实践的作用，而仅仅将实践作为一种形式或一项任务，学生只需在实习单位取得相关证明即可获得学分。这种做法反映出一些高校的实践教学管理体制存在漏洞。没有将实践课程作为教学的重点，而是将实践作为最后一个学期的一道程序，只要学生到实习单位按照程序取得实习证明交给学校，相关的学分就可以获得。由此可以看出，目前一些高校没有完全将实践环节按照教学活动来管理，缺乏体制建设。

2.实践考核环节设计缺位

目前，多数实习单位并不是根据学生在实践过程中的实际工作表现为学生提供实习成绩的，这种情况反映出实习环节没有严格的考核环节。高校没有与实践单位形成一致的教学活动设计方案，实习单位也没有设计相关的课程，而仅仅是走形式，将来实习的学生安排在办公室待一段时间。而学生在实习单位从事了什么样的工作，学习了什么，取得了什么样的成绩，高校一无所知。在这种情况下，学生的实践教学意识得不到增强，也难以得到实践锻炼，也就很难达到实践教学的目的。这种走形式的实践教学形式使得高校的实践教学完全达不到应有的效果。

3.实践教学资源配备不足

实践教学需要学生参与实际的工作，因此，学校或者实践教学单位需要提供相关实验室及设备。但是，目前我国一些高校没有将实践教学作为教学工作的重点来抓，相关的财力投入和物力投入都显得不足。这一情况是由多方面原因造成的，有高校财务能力有限的因素，也有高校对实践环节重视不足的因素。实践教学资源的不足直接导致相关的实践教学活动无法开展，相关的实践任务也无法完成。

4. 实践平台搭建不完善

实践平台的搭建对于提高学生的创新能力具有重要意义，但校外基地建立困难、学生实践平台不足以及实践组织运行不畅等问题依然没有得到彻底解决，尤其是学生创新能力提升的通道仍然不够畅通。多元化、多层次的实践活动对激发学生实践能力具有积极作用，但现状却不尽如人意。主要原因主要有以下几点。

（1）校外基地难以确定。企业是以营利为目的的，而学生的实习会影响到其正常的生产，因此越来越多的企业不愿意接受学生的实习。

（2）学校与实践基地联系不足。学校与实践基地之间的沟通和协作不够紧密，导致双方在指导学生方面互相推诿责任。

（3）学生管理职责不够明晰。学校和实践基地在对学生进行管理和培养方面的职责划分不够明确，导致实践中出现一些问题。

为了解决上述问题，相关部门需要完善学校与实践基地共同培养人才的管理模式与运行机制，实现共同管理、联合培养的目标。这不仅仅是一个理念，更需要在实际制度和行动中加以落实。重要的是，需要建立相关的激励制度，鼓励和吸引相关单位、企业愿意接纳、乐于接纳学生进行实践实习，最终为学生提供更加完善的实践平台，从而更好地提高他们的创新能力。

三、促进高校产教融合过程中人才培养的措施

高校应该加强与产业界的联系，了解产业需求，调整人才培养目标和方案，提高人才培养的针对性和实效性。高校也应该加强创新创业教

育，培养具有创新精神和创业能力的人才，为产业发展提供有力支撑。高校还应该提升产教融合的深度和广度，加强产教融合的合作模式和机制建设，实现产教融合的可持续发展，最终达到高校与企业合作开展实践教学，共同推进技术创新和人才培养的目的。总之，高校产教融合中的人才培养是一个复杂的问题，需要高校与产业界共同努力，加强合作，促进人才培养与产业发展的有机结合。

（一）创新产教融合人才培养模式理念

产教融合人才培养模式是一种将产业需求与教育教学相结合的人才培养模式，旨在培养具有实践操作能力和创新精神的人才，为经济建设和社会发展提供有力的人才支持。为了实现这个目标，高校需要创新教学内容和方式，将实践操作技能和创新思维的培养融入教学中，培养学生的创新创业精神，并加强产教融合、实践教学、师资队伍建设、信息化建设和社会服务等方面的工作。通过这些努力，高校可以培养出更多具有实践操作能力和创新精神的人才，更好地满足产业需求，为社会发展做出更大的贡献。

（二）构建系统化的教学体系

构建产教融合的应用型人才培养教学体系，涉及理论专业课程和实践应用课程的设置。具体来讲，高校应完善人才培养方案、增加产教融合教育课程、提高产教融合实践教学比例，选择有针对性、实用性的教学内容，优化应用型人才的知识和能力结构，突出实践能力的培养。探索课程改革实施的路径和方法，开展启发式、讨论式教学方案试点活动，建立课程教育质量监督制度，并确保该制度的规范性和有效性。构建理论教学体系、实践教学体系和素质拓展体系，夯实基础和专业知识，构建课程体系，强调学生的个性化培养和实习实训的理论教学，加强学生社会实践能力方面的锻炼，以及创新创业精神与能力的培养。

（三）强化落实专业性实践环节

依靠企业与科研单位，加强产教融合实践基地建设，培养创新型人才，开展全方位、深层次的合作方式。例如，通过顶岗锻炼、假期实践、到企业做毕业设计，以及企业到校内培训等方式，学生可以融入企业并承担相应的责任，不断提高实践能力。同时，鼓励学生在实践中发现问题，并用所学知识解决问题，以培养其创新精神。

增加专业性的实践环节及专业性的实践基地，构建科学合理的实践考核体系。实习是学生应用已经掌握的专业知识的环节，也是目前我国高校实践性教学的主体部分。然而，目前我国高校实习环节的管理还存在一定问题，需要重新进行制度设计。加强实习环节的管理与考核，要从两个方面进行改革：一方面，要加强学校与实习企业的联系，形成正式的实习管理条例；另一方面，学校要改革实习管理模式，提高实习所占权重，将毕业前一次实习转变为学期之内多次实习。学生每一个学期都要参加定期的实习，以掌握和消化相关的理论知识，增加对企业内部实际运作机制的了解，提高实际动手和操作能力，将理论知识与实践紧密结合起来。

（四）完善人才培养的评价机制

为了促进产教融合的持续发展，需要建立科学合理的评价机制。当前的实习效果评价机制过于注重对形式的考核。为改变这一现象，政府和高校应采取有效措施。政府应建立有序的评估体系，用于评价高校开展产教融合的效果。高校应制定具体的考核指标并将其纳入教学质量保障体系，以建立新型评价体系，促进应用型人才的培养；高校要改革传统的评价体系，提高实践能力和创新能力作为评价标准的权重，鼓励学生参与产教融合项目并优化职称评审制度；高校要深化产教融合模式，建立实习基地和职工培训基地，积极开展科技合作行动，为地方经济发展提供人才保障。

第二节　师资队伍建设问题

在高校产教融合的过程中，解决师资队伍建设的问题，需要从多个方面综合考虑，通过不断完善机制、加大投入力度等多种方式，逐步提升教师的教学质量和水平，为产教融合的深入推进提供有力保障。一方面，高校需要加大对教师的培训力度，加强对教育教学的研究，不断完善教学方式和手段，提高教师的教育水平和教学效果。另一方面，高校需要完善师资人才的培育和引进机制，积极引进优秀的师资力量，并为教师提供广阔的职业发展空间，吸引更多高水平的教师加入产教融合的队伍。

一、高校产教融合背景下师资队伍建设的重要性

高校产教融合涉及合作平台的建立、科技成果的转化等问题，这需要高校具备一定的科研实力和技术水平。同时，高校需要与企业建立紧密的联系，了解企业的需求，并为企业提供人才支持。因此，师资队伍建设是高校产教融合的重要支撑。高校需要拥有一支具备较高科研实力和创新能力的师资队伍，培养具有创新精神和实践能力的人才，为科技创新提供源源不断的人才支持。

二、高校产教融合背景下师资队伍建设存在的问题

在高校产教融合的背景下，师资队伍建设存在一些问题，如师资队伍建设机制不完善、师资队伍结构不合理、高校与企业之间的人才流动不畅、缺乏有效的人才引进和培养机制、师资队伍建设与企业需求脱节等。为有效解决这些问题，高校需要加强产教融合，建立健全师资队伍建设机制，加强教师的实践培训，提高师资队伍建设的针对性和实效性。

三、高校产教融合背景下师资队伍建设的对策建议

为解决高校产教融合背景下师资队伍建设存在的问题，高校应加强产教融合机制建设，建立健全师资队伍建设机制，加强与企业的联系，了解企业的需求，为企业提供人才支持。具体来说，高校应建立健全人才引进和培养机制，加强师资队伍建设的针对性和实效性；优化师资队伍结构，加强教师实践培训，提高师资队伍建设的针对性和实效性；加强与企业的合作，引进具有实践经验的人才，为学生提供实践指导。

双师型教师是指具备丰富的专业知识和实践经验的教师。他们是高校师资队伍中的核心力量，对实现产教融合、促进学校稳定发展以及培养应用型人才具有重要意义。在实际教学过程中，双师型教师应秉持“教师主导，以学生为主体”的原则，引导学生在教师的指导下进行学习与实践，以实现预期的教学目标。为了建立一支高素质的双师型师资队伍，教师需要深入企业，通过参与生产活动，提高自身的教学水平和实践操作能力，从而为学生传授更多的知识和技能。高校应为教师提供培训基地，提高教师的业务水平，努力打造专业化、素质化的师资队伍。

此外，高校还需在实践中不断完善双师型教师的准入和考核规则，从专业理论、实践能力和成果应用等方面构建认证标准，明确双师型教师应具备的职业素质和能力；调整教师评价和激励方案，从注重学历转

向学历引领，学习、工作经验全面结合，从注重发表论文的数量、级别转向实际研究成果与论文发表级别并重，从片面重视理论教学转向实践指导与理论教学并重。在评优评先中，加大实践应用成果的比重，鼓励并引导教师向“双师型”转变。

为成为双师型教师，高校教师特别是缺乏实践经验的青年教师，应积极参加相关工厂、企业的各类活动，和一线的生产者、管理者增加交流，真正了解生产实际。不仅如此，高校还应积极组织教师参加各级各类教改立项的研究与实践，以提高教师的专业能力和教学水平；加强与企业的经常性沟通与联系，为产教融合建立纽带，这也是促进双师型教师培养的重要途径。

第三节　评估评价问题

一、高校产教融合背景下评估评价的重要性

在高校产教融合背景下，评估评价是衡量教育质量的重要手段，也是推动产教融合的有效工具。通过评估评价，可以了解产教融合的实施情况，发现其中存在的问题，依据问题进行改进，从而提高产教融合效果。评估评价是高校科技创新的重要保障。通过评估评价，可以了解高校的科研实力和技术水平，发现问题并解决问题，从而提高科研实力和技术水平。因此，高校需要建立健全对产教融合的评估评价机制。

（一）提高教育质量

通过评估评价，教师可以发现教学中存在的问题和不足之处，从而及时调整和改进。通过评估评价，高校可以了解教学效果、学生学习情况以及教师教学质量，从而提升教育质量。

（二）促进产教融合

通过评估评价，高校可以了解企业对人才的需求和期望，从而对教学内容和培训方式进行调整，企业可以了解高校的育人现状，由此可以加强两者之间的联系，提高人才培养的契合度，推动产教融合的深入发展。

（三）优化资源配置

评估评价可以帮助高校合理配置资源，提高资源利用效率。具体来说，通过评估评价，高校可以了解所有课程和专业的优势与劣势，从而有针对性地调整资源分配，提高专业的竞争力和学校的教育质量。

（四）提升教师素质

评估评价可以帮助高校了解教师的教学水平和能力，为教师提供改进和发展的机会。具体来说，通过评估评价，高校可以发现教师的优点和不足之处，以提供相应的培训和支持，帮助教师不断提升自身的教学水平。

（五）加强社会监督

评估评价可以增加高校的公信力及学校管理的透明度。通过评估评价，社会各界可以对高校的教育质量进行监督和评价，了解高校的教育质量和办学水平，从而可以为高校的改进和发展提供意见和建议。

综上所述，高校产教融合背景下评估评价的重要性体现在提高教育质量、促进产教融合、优化资源配置、提升教师素质和加强社会监督等方面。因此，高校应该重视评估评价工作，将其作为推动教育改革和发展的重要手段之一。

二、高校产教融合背景下评估评价存在的问题

（一）评估评价标准不明确

如果评估评价标准不明确，评估评价的结果则难以准确反映产教融合的实际情况，从而影响评估评价的效果。因此，高校需要明确评估评价标准，以及评估评价的指标和方法，提高评估评价的准确性和可靠性。

（二）评估评价机制不完善

如果评估评价机制不完善，则评估评价的过程缺乏规范性，进而评估评价的结果难以客观反映产教融合的实际情况。因此，高校需要建立健全评估评价机制，规范评估评价的过程，提高评估评价的客观性和公正性。

（三）评估评价结果难以应用

大多评估评价的结果只是一组数据，缺乏有效的应用机制，不能对产教融合的改进提供有效的指导。因此，高校需要建立健全评估评价结果应用机制，将评估评价结果转化为实际行动，提高产教融合的效果。

三、高校产教融合背景下评估评价机制建设的对策建议

在高校产教融合背景下，评估评价机制的建设至关重要。现行多项政策、方案中涉及了产教融合评估评价的有关内容。例如，《普通高等学校本科教育教学审核评估实施方案（2021—2025 年）》旨在推进高校分类评价，改进本科教育教学评估，推动提高本科人才培养质量，其中包括产教融合的评价指标。《深化新时代教育评价改革总体方案》中也涉及改进高等学校评价的内容，该方案旨在完善立德树人体制机制，扭转不科

学的教育评价导向，提高教育治理能力和水平。《关于深化新时代教育督导体制机制改革的意见》中涉及完善评估监测指标体系，加强对学校教师队伍建设、办学条件和教育教学质量的评估监测等内容。

（一）建立多元化的评估指标体系

多元化的评估指标体系除应考虑教学质量、学生满意度、教师教学能力、产学合作效果等方面外，还应考虑不同学科和专业的特点，制定相应的评估指标。

（二）构建多方参与的评价机制

要构建多方参与的评价机制，评价主体除了应包括高校外，还应邀请企业代表、行业专家等外部人士参与评估评价过程，以确保评估结果的客观性和准确性。

（三）推行动态化的评估方式

定期进行评估评价，及时发现问题并采用自评、互评、专家评审等多种方式相结合的方法进行改进，以确保评估结果的全面性和准确性。

（四）加强评估评价结果的应用

评估评价结果的应用包括对产教融合实施过程的指导和改进、对产教融合效果的监测和评估等方面。高校加强评估评价结果的应用，也就是说，高校要用评估评价结果指导实际行动，以不断进行改进和调整，最终增强产教融合的效果。

（五）强化信息技术的应用

利用现代化信息技术手段，建立在线评估平台，为高校和企业之间的数据共享与交流提供方便。通过对数据的充分分析和挖掘，提供有针对性的改进建议。

（六）加强师资队伍建设

要加强师资队伍建设，就要提升教师的教学能力，增强教师的产学合作意识，使其更好地适应产教融合的要求。同时，建立激励机制，鼓励教师积极参与产教融合项目。

（七）加强与企业的合作与沟通

建立校企合作的长效机制，加强双方的交流与合作。高校可通过与企业共同制订培养方案、开展实践教学等方式，提高学生的就业竞争力和企业的满意度。

总之，高校产教融合背景下评估评价机制的建设需要综合考虑各方面的因素，并采取多项措施提高评估评价的质量和效果。只有不断完善评估评价机制，才能更好地促进高校产教融合的发展。

第四节　动力机制问题

在高校产教融合过程中，动力机制的建立和完善是至关重要的。只有建立起合理的动力机制，才能更好地促进科技成果的转化和应用，实现科技创新和产业升级。动力机制的建立需要考虑四个方面：一是政策支持，政府应提供相应的政策和资金扶持，鼓励和支持高校与产业界开展合作；二是人才培养，高校应当注重培养具备实践操作技能和应用能力的专业人才，为产教融合提供源源不断的人才支持；三是技术创新，高校应当加强对前沿技术的研究和探索，提高科技成果的成熟度和可靠性；四是资源共享，高校应当与产业界建立良好的合作关系，充分利用产业界的资源和优势，促进科技成果的转化和应用。

一、高校产教融合背景下动力机制的重要性

动力机制是否建立和完善关系到高校与企业之间的合作是否能够顺利进行，是否能够持续推进，以及是否能够取得实质性的成果。具体来说，动力机制的重要性体现在以下几个方面。

（一）促进产教融合的深入发展

动力机制可以激发高校与企业的合作热情，从而推动产教融合向更深层次、更高水平发展。

（二）提高产教融合的效率和效果

动力机制可以使高校与企业之间的合作更加有序、高效，从而提高产教融合的效率和效果。

（三）增强高校的竞争力

动力机制可以使高校更好地适应市场需求的变化，培养符合企业需求的人才，从而增强自身的竞争力。

（四）推动当地经济发展

动力机制可以促进高校与企业之间的合作，从而推动当地经济的发展，提高当地产业的发展水平和竞争力。

综上所述，建立和完善高校产教融合的动力机制是非常必要的，它可以促进高校与企业之间的紧密合作，提高产教融合的效率和效果，推动地方经济发展，从而实现双方共赢。

二、高校产教融合背景下动力机制存在的问题

（一）动力机制建设不够完善

高校产教融合背景下的动力机制建设还不够完善，主要表现为高校与企业之间的合作模式单一、合作动力不足等。因此，高校需要加强产教融合，建立健全动力机制建设，提高动力机制建设的效率和质量。

（二）动力机制缺乏有效的激励机制

高校产教融合背景下的动力机制缺乏有效的激励机制，主要表现为高校与企业之间的利益分配不够公平，缺乏有效的利益共享机制。因此，高校需要加强动力机制建设，建立合理的利益分配机制，实现利益共享。

（三）动力机制建设与企业需求脱节

高校产教融合背景下的动力机制建设与企业需求脱节，主要表现为高校教师缺乏实践经验，培养的人才难以满足企业需求。因此，高校需要建立健全动力机制，加强对教师的实践培训，提高动力机制建设的针对性和实效性。

三、高校产教融合背景下动力机制建设的对策建议

调动高校产教融合各主体的积极性、建立一套有效的动力机制，是高校产教融合的重要保障。具体来说，可以从以下几个方面入手。

（一）制定相关政策法规

制定相关政策法规是高校产教融合发展的基础，因为政策法规可以规范各方行为，保障各方权益。因此，政府应该加强对高校产教融合的了解，据此出台相应的政策，对高校产教融合的发展进行规范引导，保障各参与主体的权益。

（二）加强协同联动

加强协同联动可以促进各方面资源的整合和优化，提高高校产教融合的效率和质量。因此，各方应该加强沟通和协作，建立长期稳定的合作关系，共同推进高校产教融合的发展。

（三）建立健全利益共同体

建立健全利益共同体可以促进各方共享资源、共担风险、共创价值，持续增强各方的合作意愿和动力。各方应该建立利益共享、风险共担的机制，共同推进高校产教融合的发展。

（四）加强信息共享

各方应该加强信息共享机制，建立信息平台，促进各方之间信息的流通和交流，进而提高高校产教融合的透明度和公正性。

（五）建立监督机制

高校产教融合各主体均可建立监督机制，加强对高校产教融合的监督和管理，防止不当行为的发生，保障高校产教融合的公正性和规范性。

第五节　科技成果转化问题

在高校产教融合过程中，科技成果转化问题需要相关主体进行深入的探讨和解决。只有加强政策支持、人才培养、技术创新和资源共享等，才能更好地促进科技成果的转化和应用，推动产业的创新发展。首先，政府应提供配套政策支持。例如，政府应当出台相关政策，鼓励和引导高校与产业界开展合作，并提供相应的政策和资金扶持，为产教融合提供有力保障。其次，高校应加强人才培养，重点培养具备实践操作技能和应用能力的专业人才，为科技成果的转化提供更多人才支持。再次，企业应加强技术创新，积极探索前沿技术和先进技术的应用，提高科技成果的成熟度和可靠性。最后，高校和企业应注重资源共享，充分利用对方的优势资源，促进科技成果的转化和应用，实现产教融合的良性互动。

一、高校产教融合背景下科技成果转化的重要性

科技成果转化指高校科技创新成果向实际应用的转化过程，是高校科技创新的重要组成部分。在产教融合的背景下，高校需要与产业界更加紧密地联系起来，促进科技成果向产业化方向转化，推动产业升级和经济发展，为社会经济发展做出贡献，提高高校的社会影响力。因此，高校需要加强与产业界的合作，提高科技成果的市场竞争力和经济效益，推动科技创新的发展。科技成果转化对产教融合来说至关重要，主要表现在以下几个方面。

（一）推动产业发展

科技成果是高校在科学研究中获得的重要成果，将其转化为实际可用的产品或者技术服务，能够推动产业的发展和创新。

（二）提高教学效果

科技成果转化可以为高校的教学及科研提供实践机会，提高学生的实践能力和创新能力，也可以提高教师的教学质量和水平。

（三）促进产教融合

科技成果的转化可以促进产教融合，推动高校和企业之间的合作和交流，促进产业升级和创新发展。

（四）提升高校声誉

科技成果转化可以为高校提升声誉和知名度，吸引更多优秀的学生和教师参与学校的产教融合活动，从而提高学校的教育质量和影响力。

科技成果转化对于产教融合来说非常重要，因此，高校和企业需要在充分发挥各自优势的基础上加强合作，以促进产业发展和提高高校的教育质量和影响力。

二、高校产教融合背景下科技成果转化存在的问题

产教融合背景下的高校科技成果转化机制还不够完善，因此高校需要加强产教融合，建立健全科技成果转化机制，提高科技成果转化效率和质量。除此之外，人才短缺也是影响科技成果转化的一大重要因素，表现为高校与企业之间的人才流动不畅，缺乏有效的人才引进和培养机制。因此，高校需要加强产教融合，培养具有创新精神和实践能力的人才，增加科技成果转化的人才储备。还有一点需要注意，即科技成果转化的风险较高，高校与企业之间的知识产权保护机制不完善，缺乏有效的风险控制机制。因此，高校需要建立健全科技成果转化的知识产权保护机制，降低科技成果转化的风险。

（一）认识不足，重视程度不够

对于开展产教融合，高校存在着认识不足、重视程度不够的问题，且缺乏专门负责产教融合事宜的机构。高校中多个科室的工作均涉及产教融合，这样的多头管理现象导致产教融合开展缺乏组织性。另外，个别高校领导缺乏对产教融合的重视；负责高校产教融合事宜的人员大多缺乏专业知识和实践经验，也没有创新思维和较强的创新能力；一些教师和科技人员的思想观念受传统教学模式的限制，缺乏对产教融合对学校发展和科技进步的推动作用的深刻理解。因此，在推动产教融合的过程中，高校需要加强师资队伍建设，提高教师的教育水平和教学效果；还需要加强与产业界的联系，了解行业发展趋势和需求，及时调整课程设置和教学内容，提高学生的实践能力、创新能力和职业素养。

（二）管理体制与评价体系不健全

高校的管理体制和评价体系存在一定问题，主要表现在两个方面。

一方面，高校的产教融合管理体制较陈旧，仍然沿用之前的重学术价值轻市场价值、重纵向课题轻横向课题的管理模式。这种体制和模式限制了高校教师和科研人员开展产教融合的积极性，导致他们过多地关注研究的学术价值和地位，而忽视了市场需求。

另一方面，高校职称评聘主要将论文数量、纵向科研项目及其成果作为依据，而横向课题和产教融合虽然也能创造经济效益和社会效益，但是都没有作为评聘的考核指标。这种评聘方式导致高校教师和科研人员缺乏对市场需求的敏感度和对产业发展的理解，难以为企业和社会提供真正有价值的科研成果和合适的人才。

因此，高校需要进一步改进管理体制和评价体系，加强产教融合，推动科研成果向实际生产力的转化，提高高校教师和科研人员的市场敏感度和产业理解能力，为国家经济和社会发展做出更大的贡献。

（三）资源供给不丰富

高校参与产教融合需要具备多种资源，如人才、技术、资金等。这些资源的优劣决定了产教融合能否成功以及合作的可持续性。然而，目前一些高校缺乏高端人才及中试基地等，加之配套技术不成熟，导致科研成果仅停留在实验室小试阶段，难以向现实生产力转化。除此之外，传统的科研方式缺乏对市场的准确定位，难以产生重大创新成果，已有成果也难以得到企业和社会的认可，也就难以实现科研成果向现实生产力的转化。因此，高校需要加强人才培养和基础设施建设，以提高产教融合的质量和效益。

（四）资源利用不充分

在开展产教融合时，部分高校存在资源利用不充分、合作模式单一等问题，主要表现为未能充分利用学校的人才、技术、设备、场地等资源优势，缺乏实质性的合作内容，既没有资金和技术的投入，也没有科研技术人员之间的互动。高校的师资力量、科研力量等人力资源和配套设施不够集中，导致大多教师在单打独斗，难以形成合力去寻找和开展大的合作项目。此外，高校自有资金不足，融资渠道也比较有限，难以独自实现成果转化或产业化，只能采取简化、快速的合作方式，但这种合作方式难以稳定和深入持久。因此，高校需要加强资源整合，探索多样化的合作模式，提高合作的质量和效益。

三、促进高校产教融合过程中科技成果转化的措施

首先，高校应建立健全科技成果转化机制，提高科技成果转化的效率和质量。例如，高校可以通过建立产教融合校企对接平台、设立科技成果转化基金等方式，促进与企业之间的合作，实现科技成果的转化。其次，高校应加强人才培养，培养具有创新精神和实践能力的人才，增加科技成果转化的人才储备。例如，高校可以通过开设科技成果转化相关专业课程、组织科技成果转化培训等方式，加强科技成果转化相关人才的培养。最后，高校应加强知识产权保护机制建设，建立健全科技成果转化知识产权保护机制，以降低科技成果转化的风险。例如，高校可以通过制定知识产权保护制度、建立知识产权保护机构等方式，加强知识产权保护机制建设。下面介绍几种高校科研成果转化的典型模式。

（一）技术转让

技术转让指的是技术研发方将研究成果以非研发方式转让给生产方，并由生产方负责将其进行产品化开发的一种合作模式。目前在产教融合发展中，技术转让已成为一种常见的合作形式。根据技术主体取得技术成果的不同方式，技术转让的模式可以分为两种表现形式：一是高校内部进行的科研活动产生的有助于企业发展的成果，通过出售或技术入股的形式与企业合作；二是企业根据市场需求和自身情况向高校等科研机构提出课题需求，并为其提供资金配套，高校完成课题后将科研成果应用于企业生产。

技术转让模式是一种相对比较松散的产教融合模式，与其他模式相比，技术转让是一种高风险、高投资的形式，尽管其回报率高，但失败率也高。之所以失败率高，原因是企业缺乏足够的技术吸收能力。研究表明，科研成果产品化需要的资金投入是研发费用的数十倍，而我国企

业尤其是中小企业的负债率较高，从银行获得的资金支持也比较少，难以承担高额的转化费用。此外，从产教融合的环境来看，我国的知识产权保护机制尚不成熟，也影响了国内产教融合的进程。因此，单纯依靠技术转让模式很难真正实现产教融合。

（二）校办企业

校办企业是指一些综合实力较强的高校，借助自身的科研优势创办科技企业，以推动科研成果产品化和产业化的一种产教融合模式。这种模式在产教融合发展的早期比较常见。在这种模式下，高校具有双重身份，既是高校，又是企业。

校办企业是高校与市场深度融合的产物，它不仅是高校将科技成果转化为生产力的重要途径，更是高校与社会联系的桥梁。校办企业的优势主要有三个方面。首先，校办企业可以加速科研成果向生产力的转化，从而更好地为社会做贡献。同时，校办企业也可以为科研人员提供更多的实践机会，提高他们的实践能力和创新能力。其次，校办企业可以弥补高校自身的不足之处。高校通常在资金、技术、市场等方面存在不足，而校办企业可以通过与市场的紧密联系，获取更多的资源支持，同时能够为高校学生提供更多的就业机会，缓解学生的就业压力。最后，校办企业还可以推动高校体制改革。校办企业的成功经验可以促进高校体制改革和创新创业教育的发展，还可以加强高校与社会的联系，为高校的可持续发展打下坚实的基础。

（三）合作开发

合作开发可以分为高校与企业共同开发和企业委托高校开发两种形式。前者是产教融合的参与方结合在一起，发挥各自的优势，如企业投入人力、物力和财力，高校提供科研设备和科研人才；后者则是产教融合参与方的一方委托另一方，一般是企业根据市场需求和自身发展需要，委托高校研究新产品、新技术、新工艺或新材料。

在技术发展迅速、分工越来越精细的当下，企业、高校和科研机构的专业化程度越来越高，任何一个经济主体都更专注于自身的优势核心业务，而不可能在所有竞争中占据优势。因此，企业和高校需要通过合作开发或委托研发的形式，集中双方的人力、物力、财力等资源，优势互补，形成合作开发模式，这也是产教融合模式的重要形式。合作开发模式的优点：它可以充分利用高校和企业的资源优势，提高科研成果的转化效率和市场竞争力，推动产业升级和技术创新；它可以促进高校和企业之间的交流和合作，增强双方的合作意愿和信任度，为未来的合作奠定基础。

（四）大学科技园

大学科技园是以高校为依托，促进科技成果转化、孵化高新技术企业、培养创新型人才的一种模式。大学科技园是高校与社会联系的纽带，也是高校科研活动的重要延伸。它将高校的智力资源和社会的优势资源相结合，科技创新活动十分活跃，为产教融合提供了重要的支撑平台。

从大学科技园的内涵来看，其主要功能包括科研成果转化、高新技术企业孵化和创新型人才培养与集聚等。其中，科研成果转化是大学科技园的必备功能，只有具备这一功能，大学科技园才能发挥其真正作用。大学科技园是技术创新的主要阵地，是企业的孵化器，借助一系列优惠政策，科研企业团队能够不断发展壮大，最终通过大学科技园的孵化功能，将初创高科技企业发展成具有一定市场竞争力的高科技企业。

大学科技园还具备高新技术企业化功能，在整个区域或地区创新系统中，大学科技园是整个创新系统的重要枢纽，带动着整个地区创新系统的发展。大学科技园不仅有高校的科研人才，还有产品销售、企业管理等人才，各类人才通过大学科技园集聚在一起，发挥其应有的作用，共同促进地区经济的发展。

总之，高校产教融合背景下的科技成果转化是一个复杂的问题，需要高校与产业界共同努力，加强合作，建立健全科技成果转化机制和人才培养机制，降低科技成果转化的风险，促进科技成果转化的顺利进行。

第六节　产教融合与继续教育的相关问题

继续教育是面向学校教育之后所有社会成员的教育活动，是为成年人提供的提升学历、职业素质以及技能等的一种非学历的成人教育。它的目的是使成年人在职业生涯中不断更新知识、提高技能，以适应社会和经济环境的变化。继续教育通常包括成人高等教育、成人中等教育和职业培训等形式，是终身教育体系的重要组成部分。

通过继续教育，成年人可以不断提升自己的学历、技能和经验，增强竞争力和职业发展能力，实现自我价值和社会价值的提升。作为一种新兴的教育形式，继续教育在全球范围内得到了快速发展并成为大势所趋，这缘于科技、经济和社会的进步以及人才成为重要资源的现实，继续教育可以弥补学校教育在适应科技进步和社会进步的需求面前暴露出的不足和缺陷。终身教育概念得到广泛认可，大教育思潮应运而生，继续教育成为实施科教兴国战略的具体措施和教育发展的方向之一。

随着高等教育的不断发展，我国高校的继续教育已经从以学历导向为主的学历教育转向非学历导向的继续教育培训。这一转变是大势所趋，高校进行非学历导向的继续教育培训有助于向社会辐射教育资源，提高受教育者的终身就业能力。然而，要解决好转型问题，一方面需要高校摆脱学历导向，以教育培训质量吸引学生；另一方面，需要受教育者转变学历思维。当前社会仍存在学历影响收入和晋升等现象。因此，为了学历证书接受继续教育的现象必须改变。

在我国现行教育体制下，继续教育能为人们提供灵活、个性、丰富多样的学习体验，以及切合时代发展、具有前瞻性的课程内容，从而能满足人们不断提升个人素质，适应社会发展、工作生活的知识需求。积极开展继续教育是我国高校践行终身教育的需要，是参与建设学习型社会的需要。总之，继续教育发展到今天，面临新的发展环境：高等教育已经随着经济的发展和社会的进步，从传统的精英化教育转向大众化教育。在这个过程中，高等教育的普及范围不断扩大，越来越多的人能够接受高等教育。

随着经济结构的调整和世界经济一体化的加速，社会对专业人才的需求越来越大。在这样的背景下，短期继续教育成为发展的重点。短期继续教育是指在已有专业知识和技能的基础上，通过一定时间和课程的学习，进一步提高专业水平和职业技能的一种教育形式。这种教育形式既能够满足人们对知识更新和技能提升的需求，又不会影响人们的工作和生活。它还具有灵活性和适应性的优势，可以根据不同人群的需求和时间，提供个性化的教育服务，满足不同人群的学习需求。与此同时，它还能够适应不同行业和领域的需求，为企业和社会发展提供专业人才和技能支持。未来，短期继续教育将成为高等教育发展的重点之一，将为人们提供更多的学习机会和职业发展空间。在这一过程中，产教融合将发挥重要作用。

一、基于高校产教融合发展主体的分析

（一）高校

继续教育是人力资源开发的重要途径，而高校是继续教育的重要阵地。产教融合是经济与科技、教育的紧密结合，是今后继续教育发展的

方向和必由之路。在新的历史时期，高校发展继续教育具有更广阔的市场。高校发展继续教育要具有针对性的培养目标，如以满足生产、服务、管理工作一线需要的人才为目标。继续教育的教学实践更需要依托区域、行业和企业的力量，包括技术与管理人员、基础设施和职业工作环境等，要利用好产教融合的平台，与地方经济、相关行业、企业建立密切的合作伙伴关系，建立健全产教融合教育机制。高校要更新继续教育教学质量观，树立开放的观念，走开放办学与产教融合结合之路。高校要充分发挥自身在科研、教学、人才培养、先进技术方面的优势，和企业、行业、地方紧密结合，保证教育教学的质量，增强人才培养的市场适应性，满足企业的人才需求。高校要提供与市场需求相匹配的教育服务，制订教学计划，优化课程设置和培养模式，培养符合用人单位需求的人才。在教学过程中，高校还要在积极选择优质教育资源的同时，发挥市场的调节作用，整合不同的资源，实现继续教育市场化管理模式。

（二）企业

企业作为人力资源的消费者，在产教融合中扮演着重要的角色。为了在竞争中立于不败之地，企业需要具备高层次的专门人才和复合型人才，以为企业的发展提供源源不断的动力。人才是创造社会财富的经济实体，也是国家和民族振兴的希望。企业是继续教育的主体，高校则是高水平继续教育的重要提供者和阵地。

企业需要转变观念，建立人才资源开发系统，积极吸纳和培养人才，并留住和用好人才，以提高自身的核心竞争力和市场占有率。传统的依靠物质资本和货币资本促进生产的方式已经不再适用，企业需要的是适应现代科技和管理的人才，可通过与高校合作，依托其丰富的教育资源，培养高层次实用型科技、管理人才和高素质劳动者。校企互动开展继续教育，可以发挥双方的特点和优势，提高具有一定专业知识基础的在职人员的能力和素质。在理论与实践、教育与科研、生产与知识上互相渗透、互相补充，是社会经济和教育深入发展的必然趋势。

（三）受教育者

经济转型和信息技术更新速度的加快等因素，导致出现求职者就业压力大而招聘者招聘员工难的现象，人力资源市场的竞争日益激烈。在这样的环境下，个体就业者和求职者需要不断更新知识、学习新技能，以适应不断变化的市场需求和就业形势，而继续教育正好可以满足他们的这一需求，成为他们更新知识、学习新技能的主要途径和有效方式。在继续教育中，成人可以根据自身的需求和兴趣选择适合自己的课程，学习新的技能和知识，提高自己的综合素质和竞争力。不仅如此，继续教育还为成人提供了一个学习和交流的平台，促进了成人之间的交流和合作，推动了社会的进步和发展。因此，继续教育在人力资源开发和人才培养方面发挥着重要作用。通过不断更新知识和学习新技能，成人可以不断提高自己的就业竞争力，找到更适合自己的工作。相应的，企业可以获得更加优质的人才资源，从而促进自身的发展和进步。

《国家中长期教育改革和发展规划纲要（2010—2020年）》提出："加快发展继续教育。继续教育是面向学校教育之后所有社会成员的教育活动，特别是成人教育活动，是终身学习体系的重要组成部分。"建立终身教育体系和学习型社会已成为当今世界教育改革和发展的共同趋势。继续教育是终身教育体系的重要内容之一，是快速提升我国自主创新能力、加快国家创新体系建设的战略选择，是构建终身教育体系和学习型社会、实施人才强国战略的重要途径。除此之外，继续教育还可以作为人力资源开发的重要途径，帮助人们不断更新知识、提高技能、增强综合素质，从而更好地适应社会发展的需要。因此，政府及相关部门应该高度重视继续教育的发展，加大对人才培养的投入力度，不断完善继续教育体系和机制，让更多人享受到终身学习的权利和机会。

二、高校产教融合背景下发展继续教育

在产教融合的背景下，继续教育的发展应该注重以下几个方面。

（一）提高教育质量

继续教育的教学内容要贴近实际，注重培养学生的应用能力，这样才能保障继续教育的质量。在产教融合的背景下，还可以采取以下措施进一步提高继续教育的质量。

1.加强师资队伍建设

继续教育的质量关键在于教师，因此要加强对教师的培训和培养，提高其教育水平和教学能力。可以采取引进国内外优秀师资、开展教师培训等措施，加强教师队伍建设。

2.引进优质教育资源

教育资源包括教材、课件、教学视频等，可以通过引进国内外优质教育资源提高继续教育质量，还可以借鉴国外先进的教学经验和方法，为我国继续教育的发展提供助力。

3.注重实践教学

继续教育要贴近实际，注重培养学生的应用能力。可以采取多种形式的实践教学，如实验、实训、实习等，来提升学生的实践能力和技能水平。

4.加强课程建设

高校要根据不同专业学生的需求，合理设置课程，注重课程内容的更新和改进；还要注重跨学科教学，构建多元化的课程体系，为学生提供更全面的学习和发展机会。

5. 加强评估和监管

要建立完善的教学质量评估和监管机制，对教学质量进行定期检查和评估，确保教育质量不断提高。同时，要加强对教育机构的监管，规范教育教学活动，保障学生合法权益。

总之，在产教融合的背景下，应注重提高继续教育的质量，采取加强师资队伍建设、引进优质教育资源、注重实践教学、加强课程建设及加强评估和监管等多项措施，为学生提供更好的学习和发展机会。

（二）推进产教融合

继续教育要与产业紧密结合，并根据市场需求及时调整课程设置和教学内容，为学生提供更加贴近实际的培训和知识学习。在产教融合的背景下，要推进继续教育与产业的紧密结合，可以采取以下措施。

1. 建立产教协同机制

高校要加强与企业的合作，建立起产教协同机制。可以通过校企合作、产学研合作等方式，将企业的实际需求与教学内容相结合，为学生提供更加贴近实际的训练和技能培养。

2. 调整课程设置

高校要根据市场需求和产业发展趋势，及时对课程设置进行调整和优化，增加与产业相关的课程和技能培训，使学生更好地适应职业发展需求。

3. 加强师资建设

高校要加强对教师的培训，增强其产业意识和教学能力，使其更好地引导学生适应产业发展需求。与此同时，要注重吸引和留住具有产业经验和技术背景的教师。

4. 推广创新教育模式

高校要积极推广创新教育模式，如项目制学习、创新创业教育等，培养学生的实践能力和创新精神，使其更好地适应产业发展需求。

5. 加强教育资源的共享

高校要加强教育资源（包括教材、课件、教学经验等）的共享和交流，促进教育资源的优化和共享，为学生提供更好的学习和发展机会。

总之，在产教融合的背景下，推进继续教育与产业的紧密结合，可以采取建立产教协同机制、调整课程设置、加强师资建设、推广创新教育模式及加强教育资源的共享等多项措施，以为人才培养和经济发展做出积极贡献。

（三）丰富教育形式

继续教育可采取多种教育形式，如网络教育、职业培训等，满足不同人群的学习需求。同时，要注重开展国际化教育，为学生提供更广阔的发展空间和机会。在产教融合的背景下，丰富继续教育形式，可以采取以下措施。

1. 开展在线课程

通过互联网开展在线课程，为学生提供了多样化的学习途径。同时，可以结合虚拟现实、人工智能等新技术，创新教学方式和手段，提高教学效果。

2. 推行职业资格证书制度

推行职业资格证书制度，开设职业技能培训课程，可以为学生提供更多的职业发展机会。同时，高校可以与企业合作，共同开发职业技能培训课程，以使学生更好地适应职业发展需求。

3. 推进国际化教育

高校可以推进国际化教育，开设国际化课程，引进优质教育资源，拓宽学生的国际化视野，提高学生的竞争力。同时，可以加强与国际知名高校和教育机构的合作，为学生提供更好的学习和发展机会。

4. 开展职业培训

开展职业培训，可以采取不同的形式，如技能培训、职业素养培训等，以满足不同人群的需求。同时，可以将职业培训与学历教育结合起来，为学生提供更加系统的职业发展培训。

5. 加强社区教育

加强社区教育，可以利用社区文化中心、社区学院等资源，开展各种教育活动，如讲座、展览、技能培训等，提高社区居民的文化素质和技能水平。

总之，在产教融合的背景下，发展继续教育应该注重丰富教育形式，可以采取开展在线课程、推行职业资格证书制度、推进国际化教育、开展职业培训及加强社区教育等多项措施，为人才培养和经济发展做出积极贡献。

（四）加强政策支持

政府应该为继续教育的发展提供更多的政策支持，如资金支持、税收优惠等；还要加强对继续教育的管理和服务，增强政策实施效果。在产教融合的背景下，加强政策支持，可以采取以下措施。

1. 提供资金支持

政府可以为继续教育的发展提供资金支持，如资助学费、补贴教材等。同时，还可以通过税收优惠等方式鼓励企业和个人参与继续教育。

2. 建立评估和监管机制

政府可以建立起完善的评估和监管机制，对继续教育机构进行定期检查和评估，确保继续教育的质量不断提高。同时，还可以通过对教育机构的监管，规范教育教学活动，保障学生合法权益。

3. 推进教育立法

政府可以积极推进教育立法，制定相关规章制度，保障继续教育的健康发展。同时，要加强对教育执法的监督，确保规章制度的有效实施。

4. 加强政策宣传和推广

政府可以通过多种方式，如开展宣传讲座、发放宣传资料等，提高对继续教育相关政策的宣传力度，让更多的人了解和支持继续教育。

5. 加强政策支持的可持续性

政府要加强政策支持的可持续性，制定长期发展规划，为继续教育提供长期的制度保障和资源支持。同时，要加强与相关部门的协作，形成合力，推动政策的有效实施。

总之，在产教融合的背景下，发展继续教育应该加强政策支持，可以采取提供资金支持、建立评估和监管机制、推进教育立法、加强政策宣传和推广以及加强政策支持的可持续性等多项措施，为人才培养和经济发展做出积极贡献。

第五章　我国高校产教融合的现状与发展对策

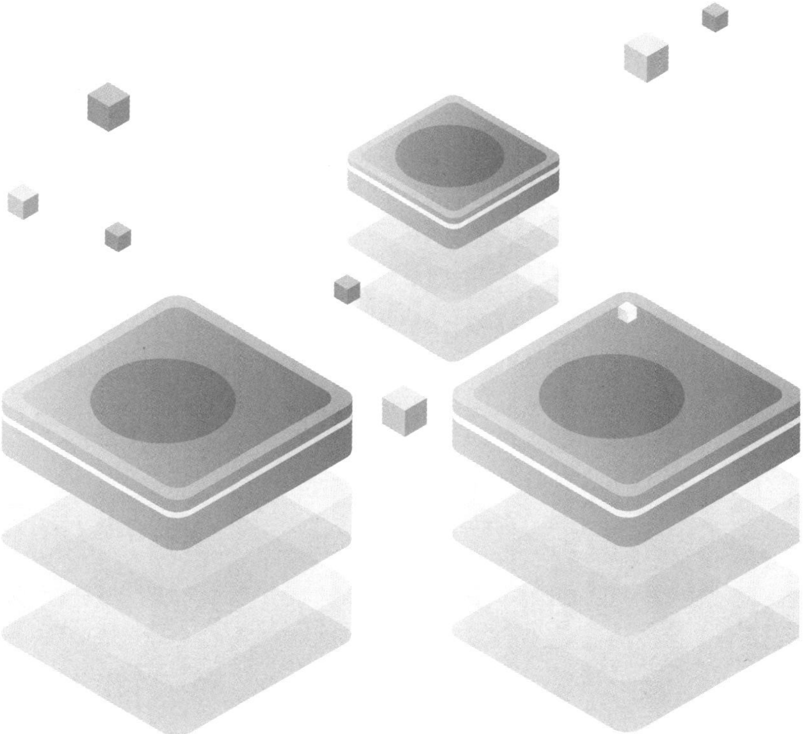

第一节　我国高校产教融合的现状

一、我国高校产教融合发展现状调研

为了更加清晰且直观地了解我国高校产教融合发展的现状，笔者从学生与教师群体两个视角，对我国高校产教融合的发展情况进行了深度调查。

（一）调研对象分析

高校教职工和学生是产教融合发展的见证者和亲历者，他们对产教融合的理解为分析我国高校产教融合发展提供了第一视角。笔者选取了三所不同学科专业类型、不同办学层次的高校，既有理工科为主、信息特色明显的综合性大学，又有艺术类院校，还有职业院校。希望通过对这三所高校部分师生的调查，一方面能直观地比较三校产教融合的具体实施情况和效果反馈；另一方面能以小见大，由此分析我国高校产教融合发展的整体现状。

笔者对三所高校的行政管理人员、专业教师（含企业导师），以及研究生、本科生、高职学生和继续教育学生等进行了深度访谈和问卷调查，调研对象的具体信息见表 5-1。其中深度访谈人数为 10 人，包括教职工 5 人、学生 5 人；问卷调查人数为 530 人，包括教职工 50 人、学生 480 人。需要说明的是，问卷调查对象包含 10 位深度访谈对象。问卷共发出 530 份，回收 522 份，回收率为 98.5%。

表5-1 调研对象的具体信息

类别	具体身份	人数/人	深度访谈人数/人	问卷发出数量/份	问卷回收数量/份
教职工	行政管理人员	20	5	50	50
	专业教师（含企业导师）	30			
学生	研究生	50	5	480	472
	本科生	200			
	高职学生	200			
	继续教育学生	30			

（二）问卷设计分析

考虑到高校师生虽然是产教融合的参与主体，但并非专门从事产教融合研究的专业人士，为了提升选项与被访者本意的契合度，问卷中问题的答案以“非常赞同”“赞同”“不赞同”“不清楚”等选项集为主，而没有采用分类更精细的回答选项。同时，考虑到高校师生对产教融合的参与程度和认识深度有差异，在设计问卷时，对同一类问题采用了不同的提问角度。

（三）调研结果统计分析

1. 产教融合工作开展的必要性

（1）教职工群体调研情况及分析。针对“高校现阶段是否需要开展产教融合工作”的问题，绝大多数教职工都选择了“赞同”或者“非常赞同”的选项。其中，50 名教职工中有 28 人（占 56%）选择“非常赞同”，有 20 人（占 40%）选择“赞同”，有 2 人（占 4%）选择“不清楚”。值得注意的是，高职院校的 15 名教职工全部选择了“非常赞同”；而艺术类本科院校的10名教职工中，仅有2人（占20%）选择“非常赞同”，有2人（占20%）选择“不清楚”，其余人选择“赞同”。可见对高校开展产教融合工作必要性的认识程度，不同办学层次的高校呈现不同的情况，高职院校的教职工对产教融合的开展更为了解与认同，这与产教融合工作在不同层次和专业的学校开展的深度和广度呈对应关系。

针对“你对国家、省、市颁布的产教融合相关政策信息是否了解”这一问题，37名教职工选择“非常了解”或“了解”的选项，占教职工人数的74%。这一比例相比对开展产教融合工作必要性的认可度有所降低，可见在认为产教融合工作有必要开展的教职工中，还有一些人并不了解相关政策。其中，来自企业的5名导师都选择了“非常了解”或“了解”，这可能是因为该问题与他们的工作内容直接相关。这充分说明，高校不仅要积极开展产教融合工作，还需要加大相关政策的宣传力度，这样才能真正推进产教融合的深入发展。

（2）学生群体调研情况及分析。考虑到学生与教师在产教融合的认识上存在一定差异，针对开展产教融合的必要性问题，学生问卷的问题为“你是否希望安排与对口就业岗位（或对口创业）直接相关的教学内容”。在回收的472份问卷中，有435份选择“非常赞同”，有35份选择“赞同”，两项共占总数的99.6%。可见绝大多数学生希望在校学习到与今后就业岗位直接相关的知识与技能，三所高校学生间并没有呈现出太大差异。

针对“你认为本校学生毕业后是否能胜任对口工作岗位的能力要求”这一问题，受访师生持“完全胜任”与“基本胜任”态度的有441人，占总数的84.5%。其中，教职工比例略高于学生比例；研究生、本科生和高职学生比例呈现两头高、中间低的趋势，本科学生中还有8人选择“不清楚”。由此可见，高校人才培养预期与社会需求契合度在不断提升，且相比之下教师比学生更为乐观。研究生和高职学生对自身就业能力的信任度和认可度高于本科生，这可能与不同学习层次的培养特点有一定的关系。但是，在被问到“是否了解自己所学专业对应岗位的要求”时，选择“非常了解”或“了解”的学生共278人，占总数的58.9%，这与胜任力回答的情况产生了较大的差距。由此可见，学生在对自身就业能力充满自信的同时，也对究竟如何胜任工作岗位存在较多的疑惑。

2. 产教融合实践开展情况

（1）教职工群体调研情况及分析。在被问到“教职工是否较多参加学校组织的产教融合相关培训和活动”的问题时，高职院校教职工的参与情况（占72.2%）明显多于其他类型学校教职工（占35.3%），这与产教融合培训在各类型学校实际开展的情况呈正相关。但是值得注意的是，行政管理岗位职工的参与比例大大高于一线专业教师，这一情况在深度访谈中也得到了印证。由此可见，高校产教融合相关培训和活动尚停留在管理层，还未普及到一线专业教师。在被问到“学校产教融合特色机构的情况”的问题时，同样也是管理岗位的职工了解得比较全面，而一线教师了解得比较模糊，甚至不清楚。这个现象在各类型学校教职工之间基本一致。这与教职工的不同分工有较大关系，一般而言，一线专业教师了解学校整体情况的途径较少，参与学校重大决策的机会也不多。

在被问到“制约高校产教融合发展的因素”的问题时，提及最多的是高校自身缺乏吸引力，以及校企合作目标、责任和利益分配不明晰等。而在被问到“如何促进产教融合或校企合作”的问题时，大多数教职工认为“学校主动出击”和“为合作单位输送所需人才”是两条重要的途径。由此可见，产教融合发展的动力问题是一个核心问题，因此高校应找准自身定位，加快自身内涵建设和差异化发展，提升自身吸引力。同时，高校应主动联系企业进行合作，并根据其人才需求调整培养方案，这才是建立和维系合作关系的有效方法。另外，产教融合主体在合作中对目标、责任和规则的模糊，也映射了政府应加强政策引导。

（2）学生群体调研情况及分析。在被问到“专业教师授课时是否传授教材外、与实际对口工作岗位相关的内容”的问题时，综合性大学和高职学生回答“是”的比例（占75.3%）远高于艺术类院校学生比例（23.3%）。但是在“对学校是否组织、安排学生参与实习实践活动”的回答中，艺术类院校学生回答“是”的比例（占85.5%）高于综合性大学学生（53.5%）。在被问到“除实习实践外的其他参加产教融合活动的方式”的问题时，大多数学生选择了“到企业走访参观”“参加专业社会调研”等方式，不同学校间学生没有呈现出明显差异。

从以上三组数据的对比可以看出，产教融合相关教学改革在各学校中均有不同程度的开展，但是不同类型学校对产教融合的侧重点不同，综合性大学可能因为办学规模、人才培养目标等因素，更重视在日常课堂教学中渗透相关内容；艺术类院校受限于专业特点、教师重视程度和能力等因素，则更倾向选择由学校统一安排实践。在相关的深度访谈中，笔者还了解到艺术类院校学生的实践活动主要包括排练演出，而综合性大学学生的相关实践则多为到相关企业实地开展。由此可见，不同类型学校开展实践活动的便利性相差较大，其中艺术类院校组织学生排练演出的自主性更强、更易实现。不仅如此，在访谈中还了解到，综合性大学学生在企业的实习一般以观摩、跟随企业导师工作为主，较少有实际动手、独立操作的机会。

3. 产教融合工作开展的效果

（1）教职工群体调研情况及分析。当被问到“人才培养方案与学生实践内容的一致程度”的问题时，有近一半的教职工选择“不一致”，这与教职工在回答就业胜任力的问题时的乐观态度截然相反。通过深度访谈，笔者了解到，大多数教职工认为人才培养方案的改革牵一发而动全身，而工作岗位对人才需求的变化又较快。所以他们认为高校需要面向企业的人才需求及时调整人才培养方案，并在培养学生的过程中，注重抓基础核心，拓宽适应口径。在被问到“对学校产教融合工作开展情况的整体评价”的问题时，50名教职工中，有8人选择“非常满意”（占16%），有23人选择“满意”（占46%）。由此可以看出，教职工对此项工作还是有较大期待的。

（2）学生群体调研情况及分析。当被问到“不同类型教师对自己就/创业（岗位）帮助高低”的问题时，大多数学生（占82.2%）选择一线专业教师对自己的帮助最大，也有部分学生（占9.53%）选择的是企业导师。因为并不是每名学生都有机会深度接触企业导师，所以虽然选择企业导师的比例不高，但仍能看出企业导师对学生的实际帮助是比较大的。另外，艺术类院校学生选择一线专业老师的比例高于综合性大学学生，这也与艺术类院校师生比较高，专业教学大多是“一对一”进行有关。这也从侧面反映出急需提升综合性大学一线专业教师对学生就业创业教育的作用。

在被问到“对学校实习基地满意度”的问题时，高职院校学生选择“非常满意”或者“满意”的比例高于综合性大学学生及专业本科院校学生，体现了高职院校在实习实训基地建设方面处于较高的水平。这与这些年发展高校、企业在产教融合方面的投入分不开。

二、高校产教融合发展现状归因

根据对我国高校产教融合典型案例的收集和对部分高校师生员工的调查、深度访谈，可以看出，虽然我国高校产教融合已得到较大发展，但不同类型高校对产教融合发展的认知仍然存在较明显的差异。区域经济发展水平是高校产教融合发展水平的重要影响因素，但并非唯一因素。例如，本次调查的两所艺术类院校在同一区域，但一所为本科院校，另一所为高职院校，产教融合发展水平也呈现了明显的差异。此外，虽然国家在资源配置、社会认可度、高校自身制度建设、师资培养、实训基地建设等方面对产教融合的发展进行了引导，但不同高校在产教融合发展上仍有差异，且整体水平有待提高。这些调查结果说明，目前需要进一步提升高校产教融合在制度与机制构建方面的水平，以促进我国社会经济转型和产业升级的顺利进行。鉴于以上，综合整理出以下几个原因。

（一）我国高校产教融合发展制度执行中遇到的问题

随着《国务院办公厅关于深化产教融合的若干意见》《加快推进教育现代化实施方案（2018—2022年）》《职业教育产教融合赋能提升行动实施方案（2023—2025年）》等政策文件的出台，我国高校产教融合发展得到前所未有的重视，社会各界对拓展高校产教融合活动达成了共识。但在实践中，校企“南辕北辙”、企业缺乏参与动力、合作成本较高、人才培养质量与市场需要的契合度不高等问题仍然存在，不同类型高校之间的产教融合质量参差不齐的现状，折射出我国高校产教融合的发展还处于初级阶段。

合理配置产教融合资源与实现我国高校产教融合均衡发展应是当下需要做的工作。我国高校产教融合的规模与数量在政策的引导下得到快速增长，但质量没有随之提升。在与高校师生的访谈中，发现他们对产教融合工作的期待与产教融合的实际发展情况有较大差距。因此应深度剖析影响我国高校产教融合高质量发展的因素，并对这些因素的内在关联性进行梳理，从而找出有利于我国高校产教融合高质量发展的创新路径。

1.我国高校产教融合发展的制度设计存在不足

我国高校产教融合发展尚处在初级阶段，构建具有中国特色的高校产教融合制度框架体系是推动产教融合可持续发展的关键。

（1）主体角色归位的问题。现今，我国高校产教融合主体的话语权有较大的差距，有些主体只是在召开相关高校产教融合会议时发言，并没有实际参与产教融合实践并发挥相应作用，与之相反，有些主体在参与产教融合实践的过程中越俎代庖，做了其不擅长的事情。这种现象的存在会打击真正参与其中的主体的积极性。当然并不是要求所有主体绝对平等地付出，而是需要构建一个主体间良性互动、共同享有参与权的体系，以促进我国高校产教融合事业健康发展。因此，保障多元主体的参与权是改进这一现状的重要措施。

（2）主体间收益分配的问题。通过调研了解到，目前在我国高校产教融合发展过程中，高校与企业在具体的合作中，各主体责任分担、利益分配不清晰的问题仍然存在。高校自身“造血”功能不足是不争的事实，在产教融合发展过程中，个别高校将参与合作的企业作为“提款机”，一味索取却没有能力满足企业的需求，而企业的逐利性本质决定其不可能在高校产教融合发展过程中长期作为“供血者”，必然会评估付出与收益的关系，长此以往，必将影响部分主体参与产教融合的积极性。一家企业在合作中的受挫，会扩散到整个行业，因此，聚焦多元主体积极性的激发也是破解我国高校产教融合发展障碍的重要方面。

2. 我国高校产教融合发展过程中制度供给存在不足

随着我国高校产教融合发展的深入，高校和企业间的合作方式发生了重大变化，这些变化推动着国家政策的不断完善和调整。事实上这种推动作用是相互的，国家政策给高校产教融合发展带来的影响也是巨大的。

在高校产教融合发展的初期，作为发起者和受益者，高校始终站在主动的这一方，但随着我国经济体制改革的深入，企业的投资已经不能完全满足高校产教融合需要，高校不得不自筹资金。因此，高校只能主动出击，到相关行业企业找资源。同时，政府出台了一系列关于高校产教融合发展的激励措施，明确了企业在高校产教融合发展过程中的重要地位，推动了产教融合的高质量发展。

随着产教融合发展的不断深入，高校人才培养质量与企业需求不匹配、高校社会服务能力偏低、过于依赖企业投入等问题出现，加之缺少完善的制度供给和权力监控体系，我国高校自谋出路式的产教融合发展又遇到瓶颈。要解决这一问题，需要在政策、制度、人才和资源等方面进行综合改革；还需要加强产教融合的信息化建设，提升高校和企业之间的信息交流和合作效率，促进我国高校产教融合发展迈上新台阶。

（1）政策层面缺乏有效支持。目前，国家关于高校产教融合的政策尚未形成完备的体系，政策实施缺少具体指导性文件和配套措施，导致政策效果难以显现。

我国高校产教融合发展的制度建设相对滞后，相关制度的更新和改革缺乏灵活性和适应性，无法满足高校产教融合快速发展的需求。

（2）人才层面缺乏优秀人才。高校产教融合发展需要高端人才的支持和引领，但是目前我国高校在吸引和培养高端人才方面还存在不足，导致高校产教融合发展出现人才短缺问题。

（3）资源层面缺乏资金投入。高校产教融合发展需要大量的资金作为支撑，但是我国有些高校的财政收支并不平衡，资金短缺问题普遍存在，导致高校在产教融合方面的探索和发展受到较大限制。

（4）发展监控制度不足。我国对高校产教融合发展政策执行效果的监测机制不够到位，缺乏有效的监督和评估措施，导致政策实施效果并不理想。例如，在制定政策时缺乏充分的调研和论证，导致政策意图和实际效果之间存在较大的差异。除此之外，相关制度的不完善和政策实施过程中的不当操作等，也会导致政策的实际效果无法达到预期。

（二）我国高校产教融合发展机制错位

我国高校产教融合作为兼具社会价值、育人价值、经济价值的发展体系，其实践成效的高低主要取决于高校与企业的耦合程度。国家提出的坚持问题导向、改革先行，充分发挥城市承载、行业聚合、企业主体作用等政策，为高校产教融合发展指明了方向，但“工学交替式人才培养”“订单式人才培养”“现代学徒制式人才培养”等实际操作还有很长的一段路要走。多元主体间的利益出发点不同，发展过程中存在“只盯眼前”“利益至上”“墨守成规”等问题，导致我国高校产教融合发展过程存在机制缺失。

1.政策制定缺乏针对性

当前我国个别高等教育政策制定得过于宏观，针对性和可操作性较低，难以直接作用于高校的发展实践，导致高校的政策执行效果不佳。

2.利益分配不均衡

高校内部存在多元利益主体，包括学生、教师、管理人员、校友等。这些利益主体之间存在利益冲突和利益博弈，如果利益分配不均衡，会影响高校的发展。

3.利益追求与高校使命冲突

高校作为一个教育机构，其使命是培养人才。但由于多元利益主体的存在，高校在追求经济利益的同时，可能会忽略其教育使命，从而导致发展错位。

4.效益驱动下的管理失灵

高校产教融合主体内部存在的管理机构，往往是以效益为导向运作的。而效益驱动下的管理失灵会导致内部管理机制的失效，最终影响高校产教融合的发展。

我国高校产教融合发展在资源配置、治理方式创新及治理目标创设等方面存在一定问题，导致我国高校产教融合发展在制度与机制的落地方面不尽如人意，并对我国社会经济转型与产业升级产生负面影响。面对我国高校产教融合制度发展的不足，在制度设计层面应聚焦多元主体参与角色的落地性、收益权的公平性、决策权的保障性等问题，制度供给层面应聚焦我国高校产教融合制度供给过程中高校“自谋出路”、政策实践与意图“南辕北辙”以及政策供给不足等问题，促进以效率、公平并重作为指导思想的实现。

（三）我国高校产教融合主体的目标不一致

在产教融合发展过程中，高校和企业有着不同的分工，在根本出发点上存在较大差异。企业的根本目标是营利，而高校是公益性组织，其根本目标是培养人才。

1.校企利益诉求不同

利益诉求的差异，导致校企双方很难达成一致。在培养人才的过程中，高校的主要目标是通过企业的实践平台提高学生的实践操作能力，以满足社会对人才的需求。然而，企业更关注经济利益，往往将人才培养置于次要地位，更多地看重实习生的人力资源价值，并借助高校的品牌效应来提升自身的品牌形象。由此可见，由于社会属性的不同，产教融合中的主体都拥有各自的利益诉求和目标，对学生的培养产生了分歧，对产教融合产生了极大影响，并未达到预期的“1+1>2”的效果。

高校和企业属于两个不同的领域，有着不同的目标和规划。高校的主要任务是培养人才，而企业的主要目标是追求利润。尽管高校和企业可以有机结合，但双方在成绩考评、重点工作内容等方面存在较大差异。高校注重创新性研究和基础性研究，鼓励学生发表核心期刊论文；而企业注重接手实际的商业项目，并将产品推向市场。因此，学生在实习过程中可能会面临一些困难。在企业中，不像在研究所和学校一样可以自由地进行实验研究。企业的研发工作基本上是根据客户需求完成一些任务，从中发掘理论性强的技术并发表相关文章，而且这种机会并不多。虽然学生在实习期间学到了很多实用的技能，但是企业和高校的目标不同，这对学生来说也是一种挑战。

2. 校企考核标准未统一

高校和企业在考核标准和考核内容方面存在显著差异。高校的考核内容偏向学术指标，如培养了多少学生、拿到了多少国家项目、发表了多少论文等，而这些并不是企业的主要目标。企业的主要考核目标是产出效率。双方在考核目标上的不一致，导致产教融合目标的不协调。即使共同服务于产教融合人才培养，但专任教师以实现高校的目标为主，企业导师则以实现企业的目标为主。这种差异使得双方教师力量较分散，积极性不高，限制了合作的广度和深度。

（四）我国高校产教融合中企业投入协同程度不足

企业参与产教融合，为培养人才注入了最新的产业知识，有助于课程体系与市场需求的接轨。然而，在具体实施过程中，仍存在一些问题，如企业的参与积极性仍有待提高等。

1. 课程建设和教学过程中企业参与不足

课程作为高校与企业协同育人的重要载体，高水平的课程建设能够充分发挥育人效能。然而，目前课程建设中企业参与度的不足，导致课程安排与企业需求难以匹配。企业对科技前沿技术具有一定的敏感性和预见性，如果企业能够深入参与课程方案的设置与制订，将有助于将课程内容设置得更加贴近市场需求，提高教学内容的准确性和实效性。但是在实际的课程建设过程中，企业的参与往往不够深入。

尽管高校和企业都认识到课程建设的重要性，但在访谈中发现，许多企业导师并没有参与课程建设。即使他们参与了课程的设计和安排，最终也因为各种原因而没有按照原定计划执行。因此，当前高校的教学方案仍然主要关注对学生基础知识的传授，专业设置与前沿技术的要求存在较大差距，导致高校的人才链、教育链和产业结构之间处于不平衡的状态，教育供给与产业需求之间存在一定程度的差距，产教融合的程度也不深，尤其是在本科教育中，大多数课程仍然是基础课程，缺乏企业导师的参与。

目前，企业导师在学院的课程数量较少，即使他们在教学方案上有所设计，也难以发挥重要作用。企业导师通常有研究生的教学安排，而没有本科生的课程安排。因为本科生的课大多是专业基础课，需要授课教师具备长期的授课和备课经验，这对理论知识相对欠缺的企业导师来说压力比较大，所以更多地依赖固有的师资力量。而企业导师给研究生上的课相当于产业信息指导课，旨在拓宽学生的视野并为其未来的就业方向提供参考，并没有针对某个学生的学习或某门课程进行相关设计，因此也无法确定这些报告对产教结合能够产生多大的效益。

2. 企业面对不同层次学生的培养意愿不同

由于本科生和研究生的知识储备、学习方式等存在差异，在产教融合方面的差异也较大。为了更好地培养学生的实践能力和创新精神，企业应该根据不同层次的学生特点制订不同的教育方案。相比之下，本科生主要学习基础课程，大部分时间还是在上课、考试，到了大三才会涉及产业需求。即使参与实践活动，企业的实践平台也接待不了太多人，只能让学生跟着看。因此，企业对培养本科生的支持力度较小。研究生相较于本科生，已具有丰富的知识储备。因此，企业在指导研究生实践方面需要投入的资源和精力要比本科生少。培养一个研究生一般需要两三年的时间，而培养一个本科生则需要至少四年的时间。综合以上因素，从投入回报比来看，企业对培养本科生的意愿不足，而对研究生的认可度较高。此外，研究生有专门的导师带领，导师会安排具体的实践活动，研究生需要定期向导师汇报实践成果，由导师进行考核。因此，企业对研究生的培养意愿更高。

3. 学生的不确定性增加了企业成本

企业经营的核心在于提高效率，以实现经济利益最大化。而企业参与产教融合无形中增加了诸多压力，同时提高了经营成本。企业不仅需要投入技术人员担任企业导师，还要为这些教师提供相应的培训。不仅如此，企业还需要投入人力对学生进行管理，投入物力、财力构建实践平台等，这无疑增加了企业的经营成本。

从学生成长为人才是一个漫长的过程。企业在投入大量物资、时间和人力后，不一定就能留住人才，甚至培养出的人才会去竞争对手那里工作。因为学生毕业时拥有自由选择权，企业对学生的就业去向无法起决定性作用，所以，企业参与产教融合人才培养的意愿不强，积极性不高。

（五）我国高校产教融合中高校自身内涵建设不足

当今社会，资源的重要性不言而喻。对资源的依赖程度越高，组织之间的合作关系就越可能紧密。然而，要想实现长期稳定的发展，组织间对资源的依赖程度必须保持在一个相对均衡的状态。因为如果某一方对资源的依赖程度过高，那么在资源供应出现问题时，该组织就可能面临严重的困境，甚至导致组织的崩溃。

高校的优势资源相较于企业来说是有限的。虽然高校拥有丰富的人才资源和较强的科研实力，但这些资源在很大程度上是受政府财政的支持和限制的。相比之下，企业拥有更多的市场资源、资金资源和管理经验等，这些资源使得企业在产教融合主体中具有更强的竞争力。因此，为了实现长期稳定的发展，高校和企业需要在资源依赖程度上寻求一个平衡点。高校可以通过与企业建立紧密的合作关系，共享资源，提高自身的竞争力；而企业也应该关注自身的社会责任，为高校提供一定的支持和帮助。只有这样，双方才能实现共赢，共同促进社会的发展和进步。

1.高校自身吸引力不足

企业参与产教融合培养人才需要投入大量的资源，包括资金、平台、设备、技术人员、培训和人力管理等，高校则提供品牌、人才、基础技术等资源。高校对企业资源的依赖程度远高于企业对高校资源的依赖程度，造成了不对等的资源依赖情况。

目前，高校为企业提供的主要是人力资源，即实习生。但通过实习生降低人力成本已不是企业参与产教融合的目的，在新型技术不断更新和产业不断转型升级的过程中，企业更需要技术技能人才的加入。因此，高校要更加注重培养学生解决问题的能力，而不应仅仅关注人才输出这一点。

高校在产品市场化、成果转化、咨询服务等方面很难发挥重大作用，更多地需要企业的帮助。人才培养是一个漫长的过程，如果高校没有更多的优势资源或者吸引力，将会逐步减弱企业对自身的依赖程度。因此，高校应不断跟上企业和社会发展的步伐，发挥其在产教融合中的价值，进一步增强自身吸引力。

2.监管工作须完善

近年来，第三方监管和政府监管越来越受到重视，并在经济、社会等各个领域均发挥着不可替代的作用。越来越多的领域都在寻求第三方监管力量，法律也要求建立相应的体系。然而，由于认知水平、思想觉悟等方面的差异，个别组织对监督管理的认知存在一定的偏差，难以以公平、公正的心态接受政府或第三方的监管。

为了解决这一问题，需要从多个方面入手。首先，政府和行业组织应该加强自身的透明度和公开性，让公众了解其运作机制、监管标准和程序，增加公众对其信任度。其次，政府和有关部门应该加强对第三方监管机构的监管，确保其独立性和公正性，避免出现利益输送等问题。更重要的是，第三方监管机构需要提升自身的专业能力和道德修养，提高其监管水平和公信力。最后，公众需要增强自身的监督意识和能力，积极参与监督管理，发挥应有的作用。

总之，政府监管和第三方监管是现代社会的重要组成部分，它们的有效运作对维护市场秩序、保护消费者权益、促进经济发展具有重要意义。相关部门和组织应该共同努力，加强各方面的合作与协调，推动监管工作的不断完善和发展。

3. 个体对产教融合认知存在偏差

实践是获得真知的根本途径，而认知会反作用于实践。如果没有正确的认知，就无法正确地指导实践。根据前文调研结果，目前教师和学生对产教融合协同育人真实内涵的认知还不够清晰，仍有部分教师和学生会混淆产教融合与校企合作。事实上，产教融合的范畴远大于校企合作，校企合作仅仅是产教融合的一种实现方式。

产教融合是人才培养的有效路径，需要企业充分发挥其优势。然而，仍有一些企业只以实习带教的方式培养学生，导致学生对产教融合协同育人的理解基本等同于到企业实习，这在很大程度上制约了产教融合的发展。

因此，各界需要加强对产教融合协同育人的宣传和普及工作，让更多的人了解其真正的内涵和意义。与此同时，高校和企业之间也应该加强沟通与协作，形成合力推动产教融合协同育人的发展。只有具备正确的认知、通过有效的实践，才能真正实现产教融合的目标，培养更多高素质的人才。

第二节　我国高校产教融合的发展对策

一、强化政策协同，加大精准施策力度

（一）政策制定的前瞻性和系统性

政策制定是政策执行的前提，对产教融合人才培养的目标和方向的确立以及责任主体的明确也是至关重要的。为了加强政策的协调性，政

府应在政策制定前加强对产教融合协同育人的调研和统筹规划，确认实验室建设、设备建设以及学生在实践过程中可能发生的物资损坏情况，提前配备专项资金，支持人才培养，从而推进高校和企业参与产教融合的信心，扩大产教融合基地规模。更重要的是，按照约定落实资金投入，减少不必要的手续，简化申请资金的流程，确保高校和企业将资金真正用到人才培养中。在资金使用方面，可以事先规定经费包干制、信用承诺制和负面清单制等制度，设置专门的审计内控岗，提高预算内资金的使用效率和灵活性。另外，实习实践设备的维护也需要大量的资金和人力投入，因此，政府和校方可以设立实训专项扶持资金，提高企业参与的积极性，并通过设定受训人数、受训标准等指标，落实资金的发放。

（二）政策制定的精准性和可操作性

政府出台产教融合和学科建设相关政策是不断深化产教融合协同培养人才的积极信号。政府需要在政策制定过程中提高政策的精准性和可操作性。为此，政府需要进行多方安排和调研，充分听取各协同主体的利益诉求，协调利益矛盾，尽可能兼顾各个利益群体的不同利益诉求。政府需要邀请企业和高校共同参与产教融合相关政策与实施方案的制定，共同总结之前在政策落地过程中遇到的痛点、难点，并从中吸取教训，将相关任务分解到各个政策制定部门和执行主体中，避免发生权责不清的情况，从而确保产教融合协同培养人才能够按照预期目标推行。除此之外，政府还需要加强对政策执行过程的监督和评估，及时发现问题并进行调整和改进，确保政策的有效实施。只有这样，才能够真正实现产教融合协同育人的目标，为社会经济发展和人才培养做出更大的贡献。

（三）政策制定的针对性和引导性

高校、企业参与产教融合的目的之一是获得更多的效益和更高的收益。政策提出要鼓励产教融合型企业的发展，但一些高校缺少针对参与产教融合人才培养的专门激励政策，这在一定程度上影响了企业参与产教融合的积极性。

反馈时间长和人才培养低效是导致企业动力不足的主要原因。因此，为了提高企业参与产教融合的积极性，需要关注企业的内在需求，激发企业的内在动力，帮助企业实现利益最大化。这是扭转“校热企冷”现象的有效方法。政府部门可以进一步优化激励措施并增强政策的引导性。

具体而言，一是为企业和参与产教融合的教师建立更为明确的激励机制，并以此作为约束标准；二是及时跟进参与主体状态，建立认定状态数据平台，公开认定结果，主动联系认定企业，并实行周期性滚动机制；三是针对不同的高校和参与企业，构建差异化的激励机制，提高已有激励政策的资金比例，增强产教融合的吸引力；四是考虑效率，优化相关申请流程；五是多举措加大激励政策的宣传力度，增加网站、公众号等宣传渠道，提高协同主体对激励措施的知晓率，增强参与产教融合培养人才主体的信心。

二、调动各方积极性为产教融合发展出力

（一）高校角度

目前，在产教融合协同培养人才的过程中存在高校与企业提供的资源不平等的现象。企业提供的优势资源更为丰富，而高校的优势资源相对不足，造成资源依赖不对等、企业对高校依赖程度较低的问题。为了解决这一问题，高校应提升自身吸引力，充分发挥自身在品牌、人力资

源、基础研究等方面的优势，为企业的发展提供有力的人才支持，降低企业招人的成本。

高校可以主动提出合作，与企业共同讨论建设路径，通过设立共同的目标，不断整合优势资源，充分发挥协同主体的优势，探索利益匹配机制，并与企业形成共同体，实现两个不同组织机构的一体化发展。这将进一步形成优势资源互补共享、消除不同利益诉求、保持平等互惠的共赢关系，增强彼此依赖互动的良好发展关系，为共同加强地方教育链与产业链的衔接提供有力支撑。

高校还可以将知识产权管理贯穿人才培养过程，以科技成果转化应用为导向，利用快速发展的云计算、大数据等现代信息技术，抓住科技成果转化的契机，使自身的基础研究与市场需求零距离对接，实现从科研攻关到产业化全过程的衔接。此外，高校可以在一定程度上为企业分担一定的人才培养费用，减少企业在人才培养上的压力和成本。

（二）企业角度

企业作为行业产业的代表，拥有最贴近市场的产业信息和新兴产业技术。因此，充分调动企业的积极性，使其融入协同育人的各个环节，对于培养学生成为人才具有重要的作用。然而，当前企业在高校产教融合人才培养的课程设计中参与不足。

为了解决这一问题，首先需要调动企业的积极性，加强企业在课程建设过程中的参与度。高校可以邀请企业参与教学方案的设计，共同建立对接国家新兴技术发展要求的课程及教学方案。与此同时，高校要注重交叉学科的发展，多以企业真实项目作为案例进行教学，注重理论知识与实践知识的结合。在这个过程中，高校要时刻保持与企业的紧密合作，听取企业的建议，给予企业在课程建设、教学改革、师资队伍建设方面更多的决定权和主动权，提高企业的参与积极性，使其深入参与面向新技术、新形态、新形势的课程建设，共同培养复合型技术技能人才。

其次需要企业深入贯彻产教融合协同培养人才的理念，并将该理念细化到企业的日常工作中。同时，政府部门可以下放部分权限到产业机构，由产业机构安排企业参与产教融合。这可以在效率、灵活性方面给予企业更多的空间，提高产教融合机制的灵活性，促进企业充分发挥资源的优势，从而推动教育链与产业链的合理衔接，建立协同育人体系，达到协同育人的目的。

（三）协同效果评估角度

在产教融合协同培养人才的过程中，高校和企业在考核标准和考核内容方面存在较大的差异。高校更注重学术论文发布数、课题项目承担数、学生培养数等考核内容，而企业更关注实际的效益产出和市场盈利。这种不一致导致企业导师和专任教师在产教融合目标上出现分歧。

为了解决这一问题，应出台一套专门针对产教融合的个性化考核标准，以融合对企业导师和专任教师的考核内容。参与产教融合协同育人的校企双师应当打破“服务于不同单位、向不同单位负责”的固有思维，增强人才培养的社会责任感和职业使命感，并从内心认可产教融合协同育人，从中寻找到成就感。

同时，校企双方应共同协商搭建产教融合平台，统一校企双师的职责，制定一致的目标，并形成凝聚力，进而使校企双师具备更大的发挥空间及合作空间。尽管企业导师和专任教师所在领域不同、职能分工不同，效益目标和人生追求也有所不同，但通过资源共享和凝聚意识，企业导师和专任教师互相取长补短，形成强大的师资团队，可更好地为多方主体的发展提供支撑。

企业和高校要积极推动资源共享机制，可以就教育链与产业链的结合组织开展研讨会，为教师之间创造碰撞火花的机会；还可以借助政府的力量构建产教融合信息交流平台，增加教师之间的合作机会，实现各自的目标。

（四）实践平台体系化角度

实践是检验理论的唯一标准。在校内学习的知识需要通过实际操作才能转化为真正的技术被掌握。因此，高校需要提升实践课程的比例、建立学生实践体系、发挥实践平台的作用。

高校在设置课程时，需要加大实践课程的比例，为学生提供更多实际操作的机会，提前了解产品的真实生产流程，为就业做好准备。与此同时，企业需要建立学生参与实践的流程和机制，使学生能够像员工一样跟进项目进度，真实感受企业生产流程，了解企业需求。通过校企的共同筹划，设立合作流程与标准，并使其成为固定的模式，扭转学生只学基础知识的固有思维，鼓励学生主动参与实践，更好地发挥实践平台的作用。高校要为学生的课程做好规划，通过线上、线下相结合的方式举办诸如产教融合大讲堂等课程，为学生后续实践做好铺垫。高校也可以邀请企业的普通工程师协同培养人才。由于企业导师在企业中一般担任着领导岗位或承担重要的国家项目，无法时刻关注学生的发展。为了更好地落实学生在实训平台的培训方案，可将通过校企专业技术委员会评审认定的普通工程师作为学生的第二导师或者企业师傅，这样既能保障人才培养质量，还能进一步加深企业的参与程度，能更有效地推动产教融合协同培养人才的发展。

为了保障产教融合协同培养人才的科学性和专业性，高校和企业可建立科学的评价体系和完整的专业标准，这样可以保障执行过程有迹可循，有效防止在协同培养人才的过程中走弯路。通过科学合理的监督指导，可以及时发现并调整产教融合协同育人进程中的问题，实现产教融合的良性发展。地区性产教融合的评价体系应设立一定的量化指标，对难以量化的指标进行客观描述。此外，建议高校和企业设计评价指标以促进规范化管理，发挥各方在产教融合培养人才过程中的积极性和社会服务职能。

建立和完善多元监管机制，能够有效提升产教融合培养人才的效果。高校应加强内部监管机制，重点关注产教融合协同育人过程中的具体环节，并对其中的问题进行监督和反馈。同时，建议引入第三方监管和评价机构，确保得到公平、公正的评价结果。另外，学生是产教融合协同育人的对象，因此高校应建立学生反馈评价机制，从学生视角设立指标，收集学生的意见和建议，增强产教融合评价的有效性，为提升产教融合的发展提供新的支撑。

三、艺术类院校的特殊性分析及对策建议

目前，艺术类院校与企业之间的合作存在模式不够灵活、合作内容单一等问题，导致产教融合的持久性难以保证。这主要是由艺术类专业的性质决定的。艺术类专业的实践性强、创意含量高，在教学过程中需要更加注重灵活性和个性化，以满足学生的个性化需求。然而，传统的产教融合合作模式往往以企业为主导，忽视了学生的个性化需求和艺术创作的特点。因此，艺术类院校需要探索更加灵活和更具个性化的产教融合合作模式，以满足学生的个性化需求。

艺术类院校与企业之间的合作机制不够完善，这主要是因为艺术类院校在产教融合过程中缺乏足够的主动性和创造性。因此，需要探索更加完善和灵活的产教融合合作机制，以满足艺术类院校的教育创新和发展需求；也需要加强对艺术类院校的管理和监督机制，以提升其参与产教融合的积极性和主动性；还需要加强艺术类院校与企业之间的沟通和协调，以促进双方在合作中的共同发展。

针对艺术类院校的特殊性，需要采取一系列的措施来推动艺术类院

校和企业的共同发展。首先，需要加强产教融合的创新性，探索新的产教融合模式，以满足艺术类院校的特殊需求。其次，需要强化学生实践能力培养，通过与企业合作，为学生提供更多的实践机会，让学生在实践中学习和掌握技能。再次，建立产教融合的评估机制，对合作效果进行评估和监测，帮助艺术类院校更好地把握产教融合的实施方向和效果。浙江音乐学院的“五大学院”就是一个典型的例子。“五大学院”以问题为导向，以培养适应职业化要求的高级专业人才为目标，通过建构一种职业人才培养模式、制定一种专业人才培养规范、搭建一个开放性学科平台、构建一个国际性人才高地，打造了一个有影响力的艺术实践与社会服务品牌。最后，加强师资队伍建设，提高教师的专业技能，也是推进艺术类院校产教融合的重要措施。同时，还要加大对产教融合的宣传和推广力度，吸引更多的企业参与其中，提高产教融合的深度和广度。通过这些措施的实施，可以实现艺术类院校和企业的共同发展，为社会培养更多的高素质艺术人才。

第六章　我国高校产教融合案例分析

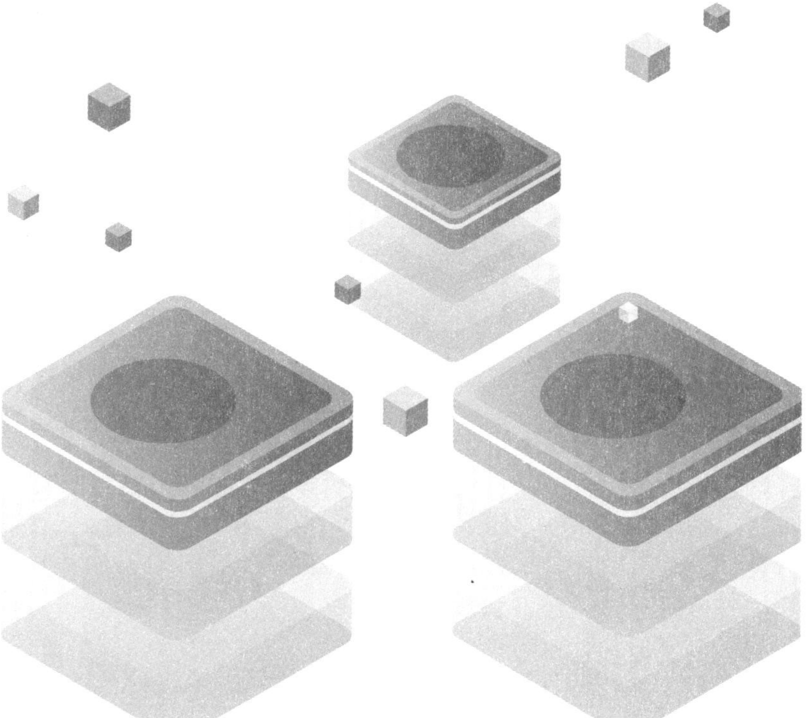

第一节　综合性大学产教融合案例分析

一、清华大学

清华大学是我国一所顶尖的综合大学，成立于1911年，前身为清华学堂，是中国现代高等教育的起源之一。清华大学秉承“自强不息，厚德载物”的校训，拥有众多高水平研究团队和学科领域，重视学生创新能力的培养，为行业发展提供了强有力的智力支持。在科学研究、人才培养和社会服务等方面，清华大学均取得了显著成就，为我国高等教育的发展和现代化建设做出了重要贡献。清华大学一直将产教融合作为重要的办学理念和发展战略，积极与企业合作，将企业实际需求与教学内容相结合，提高学生的实践能力和就业竞争力。清华大学在产教融合方面积极探索和创新，与多家知名企业建立了合作关系，创造了一系列产教融合新模式和成功案例，为学生提供了广阔的职业发展空间。

（一）清华大学国家大学科技园

清华大学国家大学科技园（以下简称清华科技园）于1993年由清华大学创立，得到了教育部和北京市的支持。该园旨在加速科研成果向实际生产力的转化，更好地实现大学服务社会的职责。为了提供发展空间和优质服务，清华科技园支持创业企业孵化、高新企业研发、创新型人才培养以及科技成果转化。1994年，清华科技园发展中心成立，正式启动园区建设。1999年，清华科技园被纳入中关村科技园区总体规划，并获得重点发展支持。2000 年，主体园区启动建设，吸引了 200 家企业入驻。2001 年，清华科技园成为首批国家大学科技园之一，得到科技部和教育部的认可。2003 年，清华科技园被科技部、教育部认定为全国唯一的 A 类国家大学科技园。

清华科技园作为政府积极推动的大学科技园，得到了政府和学校的大力支持。园区地处北京高校聚集区，周边拥有众多国家工程研究中心、国家重点实验室和开放实验室，形成了独特的科技创新氛围。不仅如此，建在清华大学的中国教育和科研计算机网的全国网络中心，更是为之提供了四通八达、连接全国和世界的信息高速公路。清华大学为清华科技园提供了丰富的资源，源源不断地向园区输送技术人才，为企业的创新和发展提供了有力的支持。清华大学拥有门类齐全的学科建制，涵盖了各个相关领域，能为企业提供全方位的技术支持。除此之外，清华大学还拥有浩瀚繁博的图书典藏和先进方便的实验条件，为企业的研究和创新提供了良好的平台。

清华科技园吸引了众多拥有核心技术的企业，并形成了各自的核心竞争力，使园区企业更具成长性。园区内聚集了众多的世界 500 强企业，如宝洁、太阳微系统公司、日电（中国）有限公司、谷歌、微软等，它们在园区内设立研发机构，提升了清华科技园的研发能力，也有利于与国际的接轨。园区内数量最多、成为最大亮点的是拥有核心技术的创新创业公司，几乎覆盖了信息技术行业的顶尖科目。清华科技园的高品质企业聚集，不仅促进了广泛的国际化交流，也带来了本土化的实践。这种多元化的环境为清华科技园注入了创新创业的激情和氛围，激发了创新链条各个环节中新的机会。随着这些机会的不断涌现，创新势头在体系中逐渐形成，并呈现出不可阻挡的气势。

清华科技园以集群式创新为核心优势，致力于构建产教融合创新集群，如企业孵化器群、技术研发机构群、高校科技产业群、教育培训机构群、中介服务机构群和配套服务机构群。通过集聚效应，清华科技园吸引了大量优秀的人才，形成了持续不断的创新创业能力、辐射发展能力和国际化竞争力。清华科技园的成功经验在于其独特的“四聚”模式：聚集—聚焦—聚合—聚变。聚集各种创新资源，形成强大的创新基础；聚焦关键领域和核心技术，实现重点突破；聚合各类创新主体，形成协同创新的良好格局；聚变创新成果，实现创新的爆发式增长。该模式使清华科技园在自主创新、引领创新和服务创新方面取得了显著成果。园区不仅提供互动的平台和场地，还致力于创造一种互动交流的环境，以推动和促进各要素之间的文化交流和思想碰撞。通过这种交流和碰撞，各要素之间可产生新的火花和思想，成为新的合作和产业链条的重要组成部分。在聚合的环境中，企业可以与其他创新主体进行深入合作与交流，实现资源共享和优势互补，在共同解决实际问题的同时，促进了企业的跨界合作和产业融合，推动了新技术、新产品和新服务的涌现。这为企业的发展提供了更广阔的空间和更大的资源支持，加速了企业的创新发展进程。因此，清华科技园的“四聚”模式不仅是园区成功的关键因素，也是推动区域经济发展和创新创业的重要引擎。通过不断营造良好的互动环境和加强各要素之间的交流合作，发挥聚合效应的作用，为创新创业者提供更多的机遇和支持。

各类资源在清华科技园得到了充分的利用，企业可以充分利用园区的优势资源，实现自身资源要素的合理化配置。通过与清华大学的合作，企业能够得到快速发展的机会，从而推动清华科技园整体的发展。企业聚集、资源聚焦和各要素间的聚合，实现了清华科技园自身的聚变，以及园区内企业的聚变。事实上，清华科技园已经形成了支持创新创业企业成长的服务支持体系，未来的目标是培育出知名的大企业。这些企业站在各个产业的塔尖上，对国家的自主创新、整个经济结构的调整、增长方式的转变能发挥重大作用。可以预见，以大学科技园为特色的创新集群，将对中国未来的社会发展以及新的经济结构、新的产业结构的调整产生重大影响。

（二）深圳清华大学研究院

深圳清华大学研究院（以下简称研究院）是深圳市政府和清华大学于 1996 年共建的事业单位，以企业化方式运作。研究院秉承清华“自强不息，厚德载物”的校训和深圳“敢闯敢试，兼容并蓄”的精神，以体制机制创新为核心，在实践中形成了独特的发展理念和发展战略。研究院被定位为推进区域科技经济社会发展的典范、珠三角高科技上市公司的摇篮和华南地区人才培养的重要基地。

经过多年的发展，研究院已逐步形成了科技创新孵化器的经营发展模式和科技创新孵化体系，并实现了科技与金融的深度融合。研究院在投入 6 亿元的基础上，依据深圳市及国内外科技、产业发展趋势和企业需求组建了技术支撑平台，建成了多个研究所和研发中心，在科技创新方面取得了显著成绩。为了实现发展目标，研究院积极推动产教融合，与多家知名企业建立合作关系，开展了一系列重要的科技成果转化和产业化项目。同时，研究院注重人才培养，建立了完善的人才培养体系。研究院提出了四个主要发展目标：推出拥有自主知识产权、面向市场的科技成果，加速科技成果的转化，培育高科技创业企业，培养高层次人才。为实现这些目标，研究院致力于金融助力的科技成果转化，借助具有科技特色的金融体制创新，全面构建辐射海内外的科技创新孵化体系及产业投资平台，培育具有行业领先地位、具备长期可持续的战略性新兴产业，为国家经济发展做出贡献。

基于技术与资本结合的成功经验，研究院强化了科技与金融的结合，创立了深圳力合金融控股股份有限公司。研究院坚持走国际化道路，引进优质人才和科技项目，将国内科技项目推向国际。研究院自主创新孵化体系的形成包括研发平台、教育培训、投资孵化、创新基地、科技金融和国际合作六个板块。在创新思维的引领下，研究院实行企业化管理，遵循市场化运作，激励与约束机制有效互动，实现了研究院、企业和政府三方共赢。研究院采用以体制机制创新为基点、以集成创新为特征的科技创新孵化器发展模式，以及科技与金融深度融合的驱动方式，发挥了清华大学在华南地区的桥头堡作用，推动了深圳乃至珠三角地区高新技术产业发展和自主创新能力的提升，创造了“市校合作”促进区域经济发展和科技创新的成功范例。这对国内大学与地方政府紧密合作推进产教融合、促进科技成果转化、服务地方经济发展起到了示范带动作用。

二、浙江大学

浙江大学是教育部直属、中央直管副部级建制的全国重点大学，进入世界一流大学和一流学科行列。学校拥有众多高水平学科，如计算机科学、化学、材料科学等，为产教融合提供了广泛的学科支持和创新动力。学校地处浙江省杭州市，位于中国东部沿海地带，具有得天独厚的地理位置和经济条件优势，为开展产教融合提供了良好的环境和资源保障。

浙江大学在产教融合方面进行了积极探索和创新，推出了一系列产教融合模式，提高了学生的职业素养和实践能力。学校始终坚持合作办学，不断扩大产教融合的“朋友圈”，已与37所世界排名前50位的大学建立了实质合作关系，形成了覆盖6大洲近200所高校的全球合作网络。① 学校统筹国际国内的产教融合资源，打造紧密的育人共同体，与头部企业合作探索新型育人模式；加快实践教学课程的校企共建步伐，完善“校内 + 行业”的双导师制，深入开展“订单式”“项目制”等新育人

① 程婷．浙大校长：浙大已与37所世界排名前50位的大学建立合作关系[EB/OL].(2022-05-17)[2023-07-30]. https://baijiahao.baidu.com/s?id=1733049430277029585&wfr=spider&for=pc.

形式；促进校地之间的产教供需对接，实施海外实践计划，面向全球建设高水平育人项目。

（一）浙江大学工程师学院

浙江大学工程师学院是浙江大学利用其高水平大学优势，为国家战略创新驱动和《中国制造2025》服务，推动国家、地区经济社会发展和产业升级转型的重要举措。浙江大学工程师学院被定位为高水平专业型学院，紧密结合浙江大学的综合办学优势，秉持“政府主导、校企合作、复合交叉、国际交流”的原则，致力于打造成为支撑中国和浙江省产业转型升级的高级工程科技人才培养基地和工程领域的产教融合创新平台。

浙江大学工程师学院是浙江大学产教融合的“特区”，对接未来产业探索项目制育人模式，以数字经济等产业发展前沿为导向，围绕汽车工程及其智能化、移动智慧物联网等18个领域实行项目制培养方式，在宁波等地成立若干分院，有效支撑当地新药创制等千亿产业群转型升级。[①]浙江大学工程师学院致力于贯通工程类专业学位研究生培养和行业职业资格评审机制，以推动专业学位研究生培养质量提升。按照“高层次、高素质、国际化”的人才培养理念，浙江大学工程师学院积极推进工程领域专业学位研究生教育改革，探索应用型、复合型、创新型的工程科技人才培养体系，并打造一支专兼结合的高水平应用型师资队伍。同时，浙江大学工程师学院注重加强工程实践训练、产学协同和国际合作，建设具有一流水平的工程创新与训练中心，积极推动校企协同培养模式创

① 浙江大学以一流教育教学造就时代新人[EB/OL].（2020-12-14）[2023-07-30]. https://mp.weixin.qq.com/s?__biz=MjM5NDgxNTQwNQ==&mid=2650758792&idx=1&sn=ae0283650bf638d159a4b3cba519d333&chksm=be89f24a89fe7b5ca95bf951de962f7902783b6f90a7fd00abaa00cb9a5d79105276888e9652&scene=27.

新，并与法国巴黎综合理工学院、荷兰埃因霍芬理工大学、德国慕尼黑工业大学等世界高水平工程院校开展多种形式的国际联培项目合作。

（二）浙江大学国家大学科技园

浙江大学国家大学科技园成立于2000年，是国家高新技术创业服务中心。浙江大学国家大学科技园由浙江省、杭州市和浙江大学联合建设，并享有一系列来自杭州国家高新技术产业开发区和省市政府的优惠政策。作为环境优美、交通便捷、设施完善、协调统一、形式开放的科技创业者的乐园，它是“天堂硅谷”中的一颗璀璨明珠。浙江大学国家大学科技园的建设遵循“统筹规划、以人为本、市场推动、坚持开放”的方针，致力于技术创新和科技成果转化、高新技术企业孵化和创新创业人才培育、高新技术产业辐射。在信息科学与技术、生命科学与现代农业、新材料与纳米技术等三大领域的高技术成果转化和高技术企业孵化方面，浙江大学国家大学科技园已取得显著成效。

三、杭州电子科技大学

杭州电子科技大学是一所电子信息特色突出，经管学科优势明显，工、理、经、管、文、法、艺等多学科相互渗透的教学研究型大学。学校与浙江省政府和各大企业建立了良好的合作关系，为产教融合的发展提供了良好的环境和资源。学校将产教融合纳入人才培养目标中，主动对接区域经济社会发展需求，推动产教融合模式改革创新，将学校优势特色学科及专业与地方、产业的发展需求紧密结合起来，积极探索现代人才培养的新路径，先后开展校级示范性大学生校外实践基地、产教融合基地建设，制定《杭州电子科技大学现代产业学院建设与管理办法》，规范引导现代产业学院建设与发展。

（一）杭州电子科技大学产学研融合发展中心

杭州电子科技大学产学研融合发展中心是一家专注于推动产教融合和教育教学创新的研究型机构。其主要任务是开展产教融合研究，探索教育教学新模式，提高教育教学质量，推动学校和地方经济的发展。杭州电子科技大学产学融合发展中心设有多个研究方向，包括智能制造、人工智能、云计算、大数据等，并与多家企业和高校建立了合作关系，积极推进产教融合，为学校和地方经济的发展做出了积极贡献。除此之外，杭州电子科技大学产学融合发展中心还开展了多项教育教学改革项目，如“互联网 +”大学生创新创业教育、STEAM 教育等，推动了教育教学的创新发展。杭州电子科技大学产学融合发展中心致力于推动产教融合和教育教学创新，为学生的成长和地方经济的发展做出贡献。杭州电子科技大学产学融合发展中心下设杭州电子科技大学技术转移有限公司，公司经营范围包括高新技术的技术转移、开发、咨询、转让等，成人的非证书劳动职业技能培训，科研信息咨询、知识产权代理、企业管理咨询、企业营销策划、会议服务、产业化配套服务等。

（二）阿里云大数据学院

杭州电子科技大学与阿里巴巴于 2017 年达成战略合作意向，并于 2019 年成立阿里云大数据学院。这标志着双方在产教融合领域迈向了新的里程碑，也是“浙江省名校 + 名企”大数据人才培养模式的创新之举。双方在“新工科 + 国际化人才培养”、新工科产业学院建设、技术人才培训认证等领域开展了广泛合作，共同培养适应社会需求的国际化复合型人才，开辟校企合作的新模式，推动浙江省大数据国际化专业人才培养。

（三）杭州电子科技大学上虞产教融合创新园

杭州电子科技大学上虞产教融合创新园遵循“产、研、教三位一体”的原则，旨在建设特色明显的高水平国际化创新园区。杭州电子科技大学上虞产教融合创新园充分发挥杭州电子科技大学在信息电子、数字技术、智能智造等领域的学科优势，整合政府、高校、企业、资本等多方资源，通过校地共建、共创、共享的发展模式，深耕人工智能、智能制造、数字媒体等方面，以深化教育链、人才链、产业链、资本链融合为导向，集聚创新、产业等资源，深化人才培养模式改革，建成省级以上现代产业学院、教学实训工厂、校企联合实验室、科技企业孵化器等创新平台，服务区域经济高质量发展，打造产教融合示范样板。杭州电子科技大学上虞产教融合创新园已有杭州电子科技大学上虞新一代信息技术现代产业学院、浙江省博士后工作站、浙江省研究生联合培养基地、绍兴市院士专家工作站、大学生实习见习基地、浙江省众创空间、校企联合实验室等。

第二节　艺术类院校产教融合案例分析

一、中国美术学院

中国美术学院由教育部、文化和旅游部及浙江省人民政府共建，成立于1928年，前身是国立艺术院。学校坐落在浙江省杭州市西湖区，是我国建立较早、规模较大、学科较完整的高等艺术学府之一。学校涵盖美术、设计、戏剧影视、音乐、舞蹈、文物鉴定与修复、建筑、科技与艺术等多个学科领域，注重培养学生的创新精神和实践能力。杭州是我国科技创新和文化创意产业的重要基地之一，拥有良好的创新创业环境和浓郁的文化氛围，为产教融合提供了良好的土壤。中国美术学院的专业特点决定了其在产教融合方面具有得天独厚的优势，可以通过与行业企业合作，将艺术创作和设计实践与产业需求结合起来。中国美术学院在教学和科研方面一直处于领先地位，拥有一批高水平的教师和科研团队。中国美术学院不仅鼓励教师加强与企业的联系，了解产业需求和最新技术发展，还鼓励学生积极参与社会实践和创新创业，以提高自身的综合素质和就业能力。

（一）中国美术学院国家大学科技园

中国美术学院国家大学科技园于2010年经科技部、教育部认定正式成立，位于杭州之江国家旅游度假区内，包括核心示范区、产业拓展区、生活配套区等，紧邻中国美术学院象山中心校区，总规划面积2351亩。中国美术学院国家大学科技园在推动科技成果转化、培育创新创业人才和促进我国经济结构调整和发展方式转变等方面做出重要贡献，是全国第一个以艺术创意为特色的国家级大学科技园。

中国美术学院国家大学科技园坚持“三力合一”（区校引导力、企业运作力、市场配置力）的运作机制，实现了创意企业的孵化、创意成果的转化、创意人才的培育与集聚，拉动了环中国美术学院产业带的联动发展，探索了新型城乡发展实践模式，促进了地方经济发展的转型创新。

（二）中国美术学院创业学院

中国美术学院创业学院成立于2015年。秉承中国美术学院的学科特色，中国美术学院创业学院有计划、有步骤、有重点地进行分类培养和指导，整合校内外优质创新创业教育资源，强化理论与实践、产教深度融合，为国家及地方社会发展培养创新型产教融合协同人才。目前，创新创业教育主要采用“3+X”两段式培养模式，即在大学本科前三年进行与专业教学深度融合的创新创业意识培养，大学四年级、研究生（硕士、博士）及毕业五年内，学生可在中国美术学院创业学院内开展产教融合的特色创新创业教育。中国美术学院创业学院通过开展校企合作，整合校内外优质创业教育资源，强化产教融合深度结合，创建了以专业知识和技能教学、创新创业基础和特色课程结合的艺术院校产教融合课程教学模式，与地方、企业深度协同的艺术院校创新创业实践教学模式，以及以特色课程、实践教学为主要形式的赛教融合、以赛促教拓展育人模式。

中国美术学院创业学院通过与企业联合，利用社会资源，孵化学生团队优质的创意项目，助推新创意的形成。系列联合课程合作已成为中国美术学院创业学院创新创业特色示范课程改革的一种新模式，并不断在实践创新中打开校企共赢的新局面，为艺术类院校产教融合协同育人教育改革蹚出了新路子。例如，中国美术学院创业学院“匠仓”系列文创特色课程就是中国美术学院、阿里巴巴集团和浙江省珠宝首饰行业协会三方强强联合的成果。另外，“经世致用”课程则是由中国美术学院与国内外知名企事业单位，如阿里巴巴、腾讯、方太集团、得力集团等合作创建的，课程依托中国美术学院创业学院，发挥师生设计优势，并借助平台的力量，最终实现课程产品落地生产。

实践教学是产教融合协同育人实施的有效途径。为此，中国美术学院创业学院积极构建产教融合实践教学模式，先后与杭州市西湖区、余杭区、富阳区、萧山区等的多个特色小镇共建创新创业基地，整合各类资源，以增强协同育人效果。例如，拥有以数字文化、影视文化、艺术创作设计、动漫游戏为核心产业的“艺创小镇”，以服装、首饰等时尚产业、艺术教育为主要领域的“艺尚小镇”，以影像产业、视觉文化产业为主的“富春硅谷小镇”等多个特色小镇实践教学基地。

中国美术学院面向全校在校生和毕业五年内的毕业生，招募创业团队和项目入驻小镇，并为他们的创业想法与实践方案提供场所和资源。同时，在假期及教学实践、毕业实习等时间段，安排相应专业学生到小镇进行教学实习、展览展示、艺术体验或社会实践；小镇为入驻团队提供条件和便利，对表现优秀、成果突出的学生提供优惠政策及相关资源条件。以“艺创小镇”为例，该小镇由杭州市西湖区携手中国美术学院、浙江音乐学院共同打造，是一个艺术、产业、社区高度融合的生态、生产、生活小镇。小镇定位“艺术 + 产业”，以产业集聚为重点，坚持招优引强和产业孵化培育，形成了以设计服务业为主，现代传媒、信息服务、动漫游戏等产业特色鲜明、错位发展的格局。2019 年 9 月，“艺创小镇”被列入“浙江省第三批省级特色小镇”。

在高校创新创业人才的培养过程中，中国美术学院创业学院通过推进产教融合协同育人理论课程教学和实践的结合，提高大学生的实践能力，发挥高校的学科、专业、人才等优势，最终实现高校育人目标与社会人才以及产品需求的对接。

二、浙江音乐学院

浙江音乐学院（以下简称浙音）坐落于浙江省杭州市，是由浙江省人民政府举办、经教育部批准、浙江省人民政府与文化和旅游部共建的公办全日制普通高校，是中国第十所独立设置的专门音乐学院，2016 年 3 月 1 日经教育部批准正式成立。

（一）五大学院

浙音“五大学院”（乐队学院、民族乐队学院、歌剧学院、室内乐学院和合唱学院）成立于 2020 年，是浙音深化人才培养模式改革的重要创新举措。“五大学院”拥有五个新型表演学科教学平台，通过构建校团合作、协调联动的专业化高端人才培养机制，搭建了从学校到行业用人端的“直通车”。“五大学院”面向在校本科生、研究生、高级访问学者、进修生、专业表演艺术团体成员等国内外音乐人才招生，实行艺术总监负责制，由国内外一流的音乐家担任艺术总监。另外，“五大学院”将制定国内首个表演人才专业化培养规范和课程标准，通过系统的课程设置让学生具备专业的技能，如歌剧学院的学生通过系统的剧目排演，分别掌握不同风格、不同时期的剧目。

“五大学院”旨在为行业单位输送成熟的专业人才，解决长期存在的艺术人才供需链在“最后一公里”脱节的问题；推行“教学与实训共同体”课程改革，将舞台、音乐厅变为教室，并主要采用大师班、训练排演和系列音乐会等形式授课；举办国际性的艺术节、音乐季等艺术实践品牌活动，期末音乐会、毕业音乐会成为毕业生展示个人风采和职业乐团选人的渠道。“五大学院”的成立挑战了中国传统音乐学院教学体制，促进了高精尖音乐人才的培养，形成了产教融合协作育人的有效机制。

国内音乐人才培养和学科建设中普遍面临的问题是学科发展的惯性较强、创新力度和成效不明显。这种教学发展模式延续了几十年，但已与当下的社会发展状况有些脱节，导致音乐院校的毕业生不能马上适应职业院团的职业化需求，往往到了职业院团还需要两三年的实习期。而“五大学院”综合了高校和乐团、歌剧院的优势，平时用不同风格的曲目进行训练，强调实践性，考核方式也是音乐会的形式。这样培养出来的学生具有较高的职业化水平，毕业后基本能符合专业院团的需要。

“五大学院”通过集实践性、专业化和开放性于一体的培养，打通了供给侧和需求侧的隔阂和壁垒，解决了传统专业音乐人才培养模式的痛点和难点，实现了专业音乐人才培养模式的创新。浙音开辟了一条“高水平一流”建设与发展的全新路径。希望浙音进一步发挥在文艺人才培养和文艺事业发展中的旗帜作用，做好顶层设计，深化“院团合作”，创新管理手段，为行业输送更多技艺精湛、德艺双馨的专业表演人才。

“五大学院”的创设标志着浙音在深化教学改革、创新型人才培养模式方面迈出了坚实的一步，也标志着浙音特色的教学机制、教学格局和人才培养模式的基本形成。浙音将以“五大学院”建设为契机，全面深化教学改革和体制机制创新，积极构建浙音品格、中国特色、国际一流的音乐表演人才培养体系，提升学校的综合办学水平与核心竞争力，用实际行动向人民交出满意的答卷。

（二）数字音乐现代产业学院

浙音与腾讯音乐娱乐集团（以下简称腾讯音乐）达成战略合作，共同启动数字音乐现代产业学院项目，打造产教融合协同育人基地。双方基于国家产教融合、科教融合的大背景，围绕“数智时代”音乐教育的发展趋势，构建校企育人、协同创新的新模式，探索中国音乐科技产业和数字音乐高等教育的发展新路径。未来，双方将在音乐人才培养、高端人才和学术资源共享等方面深入合作，推动音乐产业发展。腾讯音乐与浙音将开展全面深入合作，重点关注数字音乐、艺术科技和音乐传播等领域，发挥各自优势，推动人才培养、教育教学及产业领域的系列项目尽快落地，共同搭建校企合作协同创新的新平台，促进音乐产教融合一体化发展。

此外，双方以音乐知识图谱为基础，研究设置有关数字音乐、文化科技、智能创作等领域的产教融合项目，合作举办学术交流活动。双方还计划以数字音乐现代产业学院为依托，共同推动数字音乐技术研发的合作创新。为做深做细音乐内容，扩大音乐行业的影响力，腾讯音乐与浙音将在音乐推广、音乐教学等多方面开展深度合作。双方将共同建设“QQ 音乐 · 数字浙音专区”促进音乐内容的宣发和推广，积极推进音乐课程共建共享，推动互联网音乐课程资源库建设。未来，腾讯音乐将与浙音立足校企合作，推进产教融合、产学共创，深度服务中国优秀音乐人才的培养，促进音乐产业发展和教学科研有效对接，联动更多合作方共同探索数字音乐的技术创新，协同推动中国音乐产业和音乐高等教育的高质量发展。

三、浙江艺术职业学院

浙江艺术职业学院位于浙江省杭州市，是一所由浙江省文化厅举办的省属全日制高职院校，2002 年 1 月由浙江艺术学校和浙江省电影学校合并成立，2012 年 9 月入选浙江省示范性高职院校，2019 年 12 月被教育部、财政部列入第四类高水平专业群建设单位（C 档）。浙江艺术职业学院近年来积极推进产教融合，形成了一些特色的产教融合模式和项目。这些项目不仅有利于学生实践能力的培养，也为企业提供了人才支持和智力支持。

（一）长三角戏曲产教联盟

长三角戏曲产教联盟是由浙江艺术职业学院于 2020 年发起，联合长三角地区从事戏曲教育的院校、戏曲院团、剧场及产业单位等机构组成的联合性组织。该联盟旨在推动长三角地区的戏曲教育与产业的紧密合作，互学互鉴，提质增效。作为戏曲人才培养的平台，长三角戏曲产教联盟致力于提高戏曲人才培养质量，共同打造戏曲艺术繁荣的舞台。

长三角戏曲产教联盟通过为戏曲教育院校、剧团、剧场及产业单位提供交流合作渠道，破解了培养人与用人相脱节的难题，激发了行业协同创新动力，形成了共荣共赢、共享共创的戏曲教育有效机制，为营造戏曲传承发展的良好生态做出重要贡献。

长三角戏曲产教联盟还致力于进一步提高院校戏曲教学实践水平和人才培养质量，培养剧团戏曲骨干，提高优秀作品创作和成果转化能力。与此同时，开展校企合作，戏曲人才订单培养和委托培养等对接服务大众平台，充分发挥长三角地区戏曲产教联盟的合作优势，推动长三角地区戏曲的发展。

（二）浙江省服务文旅演艺产业产教融合实践基地

浙江省服务文旅演艺产业产教融合实践基地成立于2017年，旨在以人才培养、艺术创作、艺术实践、艺术研究、社会服务为建设重点，探索“‘双高’引领、产教融合、校企共建、协同创新”的基地建设新模式，打造艺术高职教育产教融合“浙江样本”，为“诗画浙江”建设贡献力量。浙江省服务文旅演艺产业产教融合实践基地以服务浙江省文旅演艺产业发展为中心，浙江艺术职业学院与多家合作单位，如宋城演艺发展股份有限公司、长兴太湖龙之梦演艺城文化旅游开发有限公司等共同推进人才培养平台建设，推动浙江艺术职业学院国家级“双高”戏曲表演专业群建设，深化戏曲学院建设，并按照产业学院的理念与模式加快音乐学院、舞蹈学院、戏剧与影视学院的筹建；协同打造研创平台，形成艺术生产优质供给体，共同建立越剧研究院、越剧图书馆等学术研究机构；联合开展艺术创作实践活动，积极申报国家艺术基金、浙江文化艺术发展基金，努力推出优秀的舞台艺术作品；协同建造社会培训平台，提升社会服务优势，面向社会、市场开展戏曲、戏剧、音乐、舞蹈等领域的社会艺术培训活动；协同加强旅游演艺项目平台建设，助力文旅融合发展，开展面向全省的旅游演艺策划、创作、排演、推广活动，打造浙江艺术职业学院“山水课堂”艺术实践教学品牌，努力推出一批精品旅游演艺项目；协同创立高端品牌，打造浙江舞台艺术金名片，推进实施多项特色文化品牌项目和年度人物盛典等活动，树立浙江舞台艺术品牌。浙江艺术职业学院通过构建产教融合创新协同育人共同体，推动校政行企合作由以人为纽带向以机制为纽带转变，激发校企双元办学活力，促进校企共同推进人才培养、艺术创作、艺术实践、艺术研究、社会服务等。

（三）影视技术产教融合实习实训基地

影视技术产教融合实习实训基地成立于2022年，秉承“开放办学校、校企共育人”的理念，对接文化产业发展先行区，培养创新型、复合型、科技型人才，推动建设主体多元化，促进校企融合。影视技术产教融合实习实训基地建立了围绕生产性实训与顶岗实习的校内外实践教学网络，培养适应新兴文化产业发展的影视技术人才。影视技术产教融合实习实训基地将母体学校（浙江艺术职业学院）的相关专业艺术与现代影视技术结合，培养“艺术＋技术”的复合型人才，带动影视产业链相关专业群建设，形成影视产业链实践教学体系。

影视技术产教融合实习实训基地采用“校中厂、厂中校”的“2+1”订单式人才培养模式。其中，对外营业的“校中厂”涵盖现代影城中的所有工作岗位，为学生提供在校的真实职业实训；“厂中校”为学生提供一年的顶岗实习机会。影视技术产教融合实习实训基地建设主要包括加强校外实训基地建设、完善校内实训条件和优化实践教学体系三个方面。

浙江艺术职业学院采用“一线串多层”的培养模式，将作品创作贯穿整个教学周期，按不同梯度和难度进行“多层次”作品创作。浙江艺术职业学院实验剧场影城的3个电影厅作为“校中厂”均对外营业，为学生提供了真实的职业环境，并精选30家单位作为“厂中校”进行建设，以协助学生完成各类实习实训任务；积极开展“订单式”人才培养，就业率保持在96%以上；与浙江时代电影大世界有限公司、广州金逸影视传媒股份有限公司等20家企业合作[①]，建立校外综合实践教学基地，发挥影视技术系“艺术＋技术”的专业特性，加强与企业的对接，形成校企合作的良好机制。

---

① 此处涉及的数据由访谈时的老师提供。

参考文献

[1] 王芳，董乐，林娈，等．面向新工科应用型地方本科高校产教融合人才培养体系及平台构建：以泉州师范学院“海洋与食品产业应用型创新人才培养专业群”为例 [J]. 内蒙古民族大学学报（自然科学版），2023，38（3）：281–285.

[2] 杨善江．产教融合：产业深度转型下现代职业教育发展的必由之路 [J]. 教育与职业，2014（33）：8–10.

[3] 陈年友，周常青，吴祝平．产教融合的内涵与实现途径 [J]. 中国高校科技，2014（8）：40–42.

[4] 柳友荣，项桂娥，王剑程．应用型本科院校产教融合模式及其影响因素研究 [J]. 中国高教研究，2015（5）：64–68.

[5] 谢笑珍．“产教融合”机理及其机制设计路径研究 [J]. 高等工程教育研究，2019（5）：81–87.

[6] 程德慧．产教融合视域下高职院校“课程思政”改革的探索与实践 [J]. 教育与职业，2019（3）：72–76.

[7] 汤正华，谢金楼．应用型本科院校产教融合的探索与实践 [J]. 高等工程教育研究，2020（5）：123–128.

[8] 任幼巧．新工科背景下产教融合协同育人机制研究 [D]. 上海：华东师范大学，2022.

[9] 庄西真．产教融合的内在矛盾与解决策略 [J]. 中国高教研究，2018（9）：81–86.

[10] 潘懋元，董立平．关于高等学校分类、定位、特色发展的探讨 [J]. 教育研究，2009，30（2）：33–38.

[11] 周恩来．中央人民政府政务院关于整顿和发展中等技术教育的指示 [J]. 人民教育，1952（5）：56–57.

[12] 孙震．关于大学建立教学科研生产固定联合体的几个问题 [J]. 东北师大学报，1983（5）：61–69.

[13] 曾繁铬，王革．教学、科研、生产三结合的新发展：华东化工学院与有关单位建立教学科研生产联合体的调查 [J]. 中国高等教育，1986（7）：13–17.

[14] 陈振斌．城市产教融合影响因素与评价体系研究 [D]. 徐州：中国矿业大学，2022.

[15] 王磊．高等职业教育产教融合协同育人共同体建设研究 [D]. 南昌：南昌大学，2021.

[16] 史亚丽，王社．十三五以来职业教育双师型教师队伍建设的政策演进：回眸与展望 [J]. 武汉工程职业技术学院学报，2023，35（1）：69–71.

[17] 巩浩．产教融合背景下中职生职业认同现状调查及对策研究 [D]. 银川：宁夏大学，2022.

[18] 王坤，付甜甜．我国产教融合史的三维研究 [J]. 当代职业教育，2020（5）：11–20.

[19] 林伟连，邹晓东．我国产学研合作转型升级趋势分析 [J]. 教育发展研究，2010，30（17）：74–77.

[20] 周东升，赵亚萍，程艳旗．基于知识共享的高校科研团队知识管理系统 [J]. 实验技术与管理，2011，28（4）：250–252，255.

[21] 段春莉．地方本科高校应用型人才培养现状探析 [J]. 西部素质教育，2017，3（23）：3–4.

[22] 刘叶子，裴潇，吴杰．云计算环境下的会计教育变革 [J]. 时代金融，2017（5）：224，226.

[23] 孙会明．我国高校创新人才培养模式改革现状调查研究 [D]. 南昌：江西师范大学，2015.

[24] 周丽梅，武素梅．产学研合作模式下创新型人才培养的对策研究 [J]. 中国电力教育，2014（9）：20–21.

[25] 陈乔．地方高校产学研合作应用型人才培养的个案研究 [D]. 重庆：西南大学，2016.

[26] 王燕，黄韬．高校产学研合作中的障碍因素分析及对策 [J]. 药学教育，2013，29（3）：5–7.

[27] 郑素娟．探析我国高校产学研主要模式 [J]. 现代经济信息，2016（10）：432–433.

[28] 陈晋南．加强政企产学研合作 提高我国继续教育的水平 [J]. 中国远程教育，2012（2）：11–12.

[29] 张鹏．郑州高新区产学研协同创新动力机制研究 [J]. 商，2016（7）：115.

[30] 美周．艺术院校里的创业学院：中国美术学院产学研协同育人模式的新探索 [N]. 中国文化报，2021–05–14（3）.